나는
1만 원으로
부동산 한다

나는 1만 원으로 부동산 한다

칸데오 지음

리더스북

들어가는 말

지금 당신에게 필요한 것은
바로 P2P 투자!

"아오 피곤해. 이놈의 회사 좀 그만두고 싶다!"

피곤한 몸을 이끌고 매일같이 출근해 열 시간이 넘도록 일터에 갇혀 생활합니다. 저녁이 되어 지친 몸을 이끌고 집에 들어와도 휴식은커녕, 가족들 얼굴 잠깐 보고 나면 다음 날을 위해 서둘러 눈 붙이기 일쑤죠. 평범한 사람의 삶은 잘해야 이런 생활의 반복인 것 같습니다.

문제는 이렇게 힘들게 일해 받은 월급과 각종 수당을 아껴도 삶은 팍팍하다는 사실이죠. 서울에서 내 집 마련하기는 하늘의 별 따기이고, 사랑하는 가족과 행복하게 사는 것이 어려운 세상이 되었으니 말입니다.

사실 누구보다 열심히 재테크 지식을 쌓아가며 자본을 확장해야 하는 사람은 평범한 근로소득자입니다. 그런데 매일 아침부터 저녁까지 생업에 치이다 보니, 없는 사람일수록 바쁘고 힘들게 일주일을 살아가죠. 오히려 부자나 자본가가 어떻게 하면 세금을 줄일까, 어떻게 하면 자본을 굴려 수익을 얻을까, 더 열심히 궁리하는 것이 아이러니한 현실입니다.

하지만 지금이 열심히 일하고 아끼면 부자가 될 수 있는 시대인가요? 혹시 '열심히 사는 노예'에서 끝나는 것은 아닐까요? 근면 성실하게 살아야 한다는 말은 자본가들이 우리 같은 평범한 사람들을 손쉽게 도구로 쓰기 위해 하는 말은 아닐까요?

이런 점에서 저는 누구든 투자를 시작해야 한다고 생각합니다. 투자라고 해서 대단한 것이 아닙니다. 제가 말하는 투자란, 실제 금전적인 수익도 얻으면서 그 수익 구조가 어떻게 짜여졌는지 공부할 기회를 잡는 겁니다.

투자, 큰돈이 있어야만 할 수 있다고?

"여윳돈이 없는데 투자요? 그런 건 어느 정도 형편이 되고 시간적 여유가 있는 사람들이나 생각하는 거죠."

'투자'라고 하면 거창하게 생각하는 분들이 많습니다. 특히 부동산 투자에 대해서는 비교적 많은 액수의 종잣돈에 대출을 더해 사고팔거나 경매에 뛰어드는 방법밖에 없다고 생각하고요.

일반적으로 이런 식의 부동산 투자를 가리켜 '직접투자'라고 하는

데, 부동산 투자에 직접투자만 있는 것은 아닙니다. 물건을 보러 다니거나 경매 현장에 뛰어들 여유가 없는 사람도 얼마든지 소액으로 도전할 수 있어요. 바로 요즘 떠오르는 'P2P 투자'입니다.

P2P 투자는 기술이 발달하고 모바일 거래가 일상화되면서 크게 각광받는 재테크입니다. 특히 모바일 기기를 다루거나 새로운 기술을 받아들이는 데 거부감 없는 30~40대 직장인들 사이에서 인기가 높죠.

많은 분들이 투자 수단으로 은행 상품, 주식, 부동산 등을 떠올립니다. 그런데 금리가 오르는 추세라지만 은행 예·적금 수익률은 여전히 낮습니다. 펀드나 연금 상품도 마찬가지고요. 종잣돈이 적은 데다 대출 규제까지 강화된 마당에 부동산 직접투자에 뛰어들기도 쉽지 않습니다. 주식 투자는 어떤가요? 얼마 전 모 증권사의 실수로 불거진 공매도 논란을 통해, 개인이 주식 투자로 수익을 얻기가 쉽지 않다는 사실을 체감할 수 있었죠. 그런가 하면 몇 달 전 우리 사회를 휩쓴 가상화폐는 안전성에 대한 의구심이 커서 아무래도 투자를 꺼리게 됩니다 .

그런데 P2P 투자는 이런 기존 재테크 수단에 비하면 많은 장점을 지니고 있습니다. 우선 금액이 적어도 얼마든지 투자할 수 있으니 상대적으로 종잣돈이 적은 이들에게 안성맞춤입니다. 게다가 P2P 투자 중에서도 부동산 P2P 투자는, 부동산을 담보로 잡기 때문에 원금을 잃을 우려가 적습니다. 나중에 혹시라도 문제가 생기면 담보를

나는 1만 원으로 부동산 한다

처분해 원금을 회수하면 되거든요. 마지막으로 가장 중요한 수익률! P2P 투자는 최고 18~20%에 달할 만큼 높은 수익률을 자랑합니다. 젊은 직장인들이 P2P 투자에 관심이 많은 것은 이처럼 P2P 투자의 다양한 장점 때문일 겁니다.

이 책은 P2P 투자 중에서도 부동산을 담보로 하는 부동산 P2P를 다루고 있습니다. 개념부터 복잡한 상품 분석까지, 실전 부동산 P2P 투자에서 반드시 알아둬야 할 내용을 알차게 담았습니다. 또 플랫폼이 알려주지 않는 정보, 투자자가 알아두면 좋은 꿀팁 등 다양한 노하우를 아낌없이 풀어놓았고요. 매주 일요일 유튜브 칸TV에서 설명했던 내용이나 일반 투자자가 질문했던 내용도 충실히 담으려고 했습니다.

바쁘기만 한 사람, 바빠서 돈에 대해 공부할 시간이 없는 사람은 평생 지금의 모습에서 벗어날 수 없습니다. 물론 지금의 삶에 만족한다면 더할 나위 없겠지요. 하지만 만족하지 못한다면 답 없는 삶에서 답을 찾으려고 애쓰지 마세요. 발상을 약간만 전환하면 '경제적 자유인'이 될 수 있는 방법이 담장 너머에 있습니다. 부동산 P2P 투자가 그 첫걸음이 될 수 있을 겁니다!

2018년 5월, 칸데오

차 례

PART 3 부동산 P2P, 기초부터 시작하기

PART 1

P2P의 세계에 오신
여러분을 환영합니다

'가성비' 최고 재테크 P2P,
적극 추천합니다

30대 직장인 '김종진'

시간 아껴줄 재테크, 어디 없을까?

저는 작년에 한 아이의 아빠가 된 12년 차 직장인입니다. 넉넉하지 않은 환경에서 자란 탓인지 항상 경제적 자유를 꿈꿨습니다. 그래서 어린 나이부터 직장 생활을 시작해 열심히 일했지만, 꿈을 이루기에는 턱없이 부족했습니다. 그러다가 부동산 투자에 흥미를 느껴 많은 시간을 할애하게 되었지요.

　다행히 부동산 투자로 수익을 냈지만, 한 가지 고민이 생겼습니다. 많은 시간과 노력이 필요해 직장인으로서 투자에 몰두하는 데 한계를 느낄 때가 많다는 것이었습니다 . 특히 회사에 중요한 시기라면 본업 외에 다른 곳에 시간을 투자하기란 정말 어렵습니다.

이런 고민을 하던 차에 지인에게 P2P 투자를 추천받았습니다. 제 손에 들어오는 수익은 부동산 투자에 비해 적지만, 돈 못지않게 귀한 시간을 아낄 수 있다는 점이 눈길을 끌었지요. 알고 보니 P2P 투자도 부동산 투자와 많은 관련이 있기에 남들보다 쉽게 원리를 이해하며 시작할 수 있었습니다.

훨씬 적은 노력으로 수익률 10%를 달성하다

많은 직장인들이 투자에 대해 어렵게 생각하는 부분이 투자 금액입니다. 일단 저는 처음 시작한 부동산 투자에서 마이너스 통장을 많이 활용했습니다. 비록 최근 금리가 오르는 추세지만, P2P 수익률에 비하면 아직도 이율이 낮습니다. 마이너스 등 레버리지를 잘 활용한다면 P2P 수익률과 대출 금리의 차이만큼 수익을 낼 수 있습니다. 물론 P2P 투자가 성공한다는 전제하에서 하는 이야기입니다.

저는 2017년 기준, 약 3억 원을 부동산 P2P 상품에 투자했습니다. 여기에는 순수한 제 자본도 있고, 대출을 통해 투자한 자본도 있습니다. 이렇게 투자해서 3,000만 원 정도 수익을 얻었습니다. 수익률로 따지면 10% 정도 되겠네요. 대출금 이자를 제외하더라도 제가 P2P 투자에 들인 시간과 노력을 따져보면 꽤 많은 수익을 얻었다고 생각합니다.

이토록 가성비 높은 투자, 안 할 수가 없다

일단 P2P 투자의 장점이라면 시간과 노력을 아낄 수 있다는 점, 그리고 리스크 대비 높은 수익률입니다. 사실 P2P보다 높은 수익률을 자랑하는 투자처는 많습니다. 하지만 높은 수익률은 높은 위험을 의미합니다. 수익은 높이고 위험은 최대한 제거하려면 투자자가 많은 노력을 기울여야 합니다. P2P 투자를 실제로 해보니 주식, 펀드, 부동산 경매 등 제가 경험한 어떤 투자보다도 시간, 노력, 리스크 대비 수익률이 높았습니다.

또 P2P 투자는 적은 자본으로 시작할 수 있다는 것도 큰 장점입니다. 제가 주로 경험한 부동산 투자는 기본적으로 천만~억 단위를 왔다 갔다 합니다. 특히 부동산은 투자금 단위가 커질수록 파이도 커지고 성공 확률도 높아집니다. 그러다 보니 자금이 별로 없는 사람이 시작하기에는 진입 장벽이 높습니다. 하지만 P2P는 최소 1만 원 단위부터 투자 가능하기에 다른 투자로 가기 위한 중간 단계, 또는 종잣돈을 모으기 위한 수단으로는 정말 매력적인 투자처인 것 같습니다.

물론 P2P 투자에도 단점이 있습니다. 제가 생각하는 가장 큰 단점은 원금 회수 시점을 정할 수 없다는 겁니다. P2P는 짧게는 1개월, 길게는 1년이라는 기간을 정해 부동산 물건에 투자하는 방식입니다. 일단 어느 부동산에 투자하기로 했다면, 정해진 기간이 지나기 전에 투자자 마음대로 계약을 해지하고 자금을 뺄 수 없습니다. 간혹 대출자가 연체라도 한다면 원금 회수 시점은 더욱 늦어집니다. 물론 연체이자 등으로 기간에 따른 보상을 받을 수 있지만, 자금을 자유롭게 회수하지 못해 더 좋은 기회를 놓칠 수도 있습니다.

저는 이런 단점을 최소화하기 위해 투자금을 어느 정도 분산했습니다. 리스크를 줄이기 위해 달걀을 한 바구니에 담지 않는 방법이기도 하지만, 저에게는 투자금 전체가 묶이는 상황을 방지한다는 점에서 더 큰 의미가 있습니다. 이렇게 하면 투자금 회전이 빨라져 혹시 모를 변수에 유연하게 대처할 수 있습니다.

P2P 투자에서 일반 개인 투자자의 경우에는 투자 금액에 제한이 있습니다. 그 때문에 저는 이 문제를 해결하기 위해 법인을 세우면 어떨까 고민하고 있습니다. 다른 재테크에 비해 수익률이 높은 만큼 더 많은 투자 기회를 갖고 싶어서입니다. 경제적 자유인이 되기까지 아직은 갈 길이 멀지만, P2P 투자를 통해 꾸준히 한 걸음 한 걸음 나아가고 싶습니다.

세금을 제해도 수익률 9%, 투자하면 할수록 즐겁다

30대 직장인 '아드'

주식만 바라보던 어느 날, P2P를 만나다

P2P 투자에 대해 처음 알게 된 것은 회식 자리에서 나눈 대화 때문이었습니다. 회사 동료들과 이런저런 대화를 나누던 중 재테크 이야기가 나왔습니다. 당연히 주식과 부동산에 관련된 이야기가 대부분이었지요. 부동산은 목돈이 필요하니까 대부분 접근하기 쉽지 않다고 여겼고, 주식은 그나마 소액에 스마트폰만 있으면 언제 어디에서나 거래할 수 있다는 말이 나왔습니다. 실제로 주식에 투자하는 사람이 많았죠. 하지만 제 나이쯤 되면 주변 사람들 말만 믿고 주식을 샀다가 손해를 보고 파는 사람도 많습니다. 비슷한 경험이 많다 보니, 결국 '적은 돈으로 할 수 있고, 원금 보장이 잘되면서도 은행 예금이

자보다는 수익률이 높은 투자'가 최고의 투자라는 쪽으로 의견이 모였습니다.

그런데 그때, 같은 테이블에 앉아 있던 30대 중반의 어느 과장님이 "그래서 저는 P2P에 투자해요"라고 말했습니다. 다들 한 번쯤 들어만 봤지 제대로 알지는 못해서, 그분에게 P2P 투자가 무엇인지 설명을 들었지요. 그 뒤로 1~2개월간 책도 읽고 강의도 들으며 P2P 투자를 시작했습니다.

진짜 재테크 지식을 얻어가다

9개월 동안 약 300만 원을 투자했는데, 수익률을 계산해보니 세금을 내고 나서도 9% 정도 됐습니다. 초기(6개월 이내)에는 최대 세 개 상품에 소액을 투자했습니다. 6개월 이후부터 공부하는 상품 범위가 넓어지면서 한두 상품에 투자하는 금액을 늘렸습니다.

저는 보통 '선(先) 투자 후(後) 공부'를 지향합니다. 그 이유는 아무리 관심을 가지고 꾸준히 모니터링하고 공부하려 해도 내 돈이 묶이지 않으면 이런저런 이유로 결국 잘 알아보지 않게 되기 때문입니다. 특히 회사 업무가 바쁠 때는 한두 달 동안 거의 잊어버리고 지내다 보니, 흐름을 놓치고 결국 다시 처음부터 시작한 적이 많습니다.

이런 이유에서 예상치 않게 원리금 회수가 늦어져도 생활에 전혀 지장을 주지 않는 금액 내에서 먼저 투자하고, 나중에 공부하는 것을 규칙으로 삼았습니다. 물론 선 투자라고 해서 아무것도 알아보지 않고 하는 것은 아닙니다. 어떤 상품을 고르든 최소 1개월 정도는 최대한 많은 정보를 찾아봅니다.

사실 대다수의 사람들이 단순히 투자 기간과 수익률만 보고 투자 여부를 결정합니다. 하지만 P2P 투자에서는 그보다 투자하려는 상품이 어떤 배경을 토대로 기획되었고, 현재 담보로 잡은 부동산이 어떤 상태인가 살펴볼 수 있어야 합니다. 이렇게 제대로 P2P에 투자하려면 최소한의 공부가 필요합니다. 이를 통해 적금이나 펀드, 가상화폐에서는 배울 수 없는 새로운 지식을 배우는 것이 P2P 투자의 장점이라고 생각합니다.

종잣돈 없는 20대,
P2P 투자로 두 마리 토끼를 잡다

20대 대학생 'novice'

20대를 P2P와 함께 시작하다

아직 대학생이지만 재테크에 관심이 많아 일찍이 부동산에 관심을 가졌습니다. P2P 투자가 붐을 일으키면서 자연스럽게 부동산 P2P를 접했고요. 2017년 하반기에 P2P 투자를 시작했으니 1년이 조금 안 됐습니다. 지금은 재테크 수단이자 부동산 투자를 공부하는 경로로 활용하고 있습니다.

아무래도 제가 학생이다 보니 투자 금액은 그리 크지 않습니다. 지금까지 누적된 금액은 300만~400만 원 정도입니다. 수익률은 가장 높았던 때가 연 15%, 낮았을 때는 11%로, 평균 13~14% 정도 되는 것 같네요.

'투자'라는 단어를 떠올렸을 때 열에 아홉은 "달걀을 한 바구니에 담지 마라"라는 말을 떠올릴 것 같습니다. 그런데 저는 이 말을 듣고 이런 의문을 품었습니다.

"만약 달걀을 바구니 10개에 나눠 담았는데, 10개 모두 허술한 바구니라면 어떻게 되는 거지? 그래도 10개에 나눠 담는 것이 올바른 선택인 걸까?"

결론은 '차라리 튼튼하다는 확신이 있는 하나의 바구니에 모든 달걀을 담는 쪽이 더 낫다'라는 것이었습니다. 이런 이유에서 P2P 투자 역시 소수의 튼튼한 바구니를 가려내는 방식으로 진행하고 있습니다.

P2P 투자로 경험한 1석4조 효과

친구나 지인이 "P2P 투자가 다른 투자보다 나은 점이 뭐야?"라고 물으면 저는 "1석4조 효과를 얻을 수 있어"라고 대답합니다. 수익률과 안전성이라는 두 마리 토끼를 잡는 것은 물론, 명확한 데다 다른 투자에도 도움이 되거든요.

일반적으로 사람들이 많이 하는 투자로 적금, 주식형 펀드, 그리고 최근에 떠오른 가상화폐 정도를 꼽을 수 있을 것 같아요. 우선 적금은 보통 사람이 도전하기 가장 쉬운 투자처입니다. 가장 보수적이며 안정적인 투자 방법이라고 할 수 있어요. 문제는 수익률입니다. 미국에서 금리를 인상하면 우리나라 금리도 상승한다지만, 많아야

1% 남짓 오를 뿐입니다. 투자 금액이 크다면 1%라도 어마어마한 수익으로 이어지겠지만, 저를 비롯한 대부분의 서민은 자본금 규모가 그리 크지 않아요. 어떻게든 모으고 모아 겨우 만든 자본금이니까요.

그러니 투자 수익 액수보다는 수익률이 더 중요합니다. 그런데 부동산 P2P는 낮은 이율이 연 11%, 높으면 18~20%의 수익률을 기록합니다. 담보 가치와 구조가 안전한 상품을 찾는다면, 적금과는 수익률이 천지 차이죠.

한편 주식은 변수가 너무 많습니다. 예를 들어 미국에서 안 좋은 일이 생기면 우리나라 주가도 영향을 받아 떨어집니다. 하지만 부동산 P2P의 경우 별다른 변수가 없습니다. 미국에서 무슨 일이 생겨도 집값이 당장 영향을 받지는 않으니까요. 이처럼 부동산 P2P는 주식형 펀드에 비해 안전성이 높습니다.

마지막으로 요즘 가장 뜨거운 이슈를 불러일으킨 가상화폐랑 비교해보겠습니다. 사실 재테크에 관심 없던 제 또래들이 가상화폐에 굉장히 많이 투자했습니다. 처음에는 수익률도 어마어마해서 너도 나도 뛰어들었지요. 그런데 주변의 가상화폐 투자자들에게 "왜 오르는 거예요?"라고 물으면 정확히 대답하는 사람이 몇 명 없었습니다.

저는 가상화폐의 맹점이 여기에 있다고 생각합니다. 이름에서 드러나듯 가상화폐는 '실체'가 없습니다. 그러니 가치를 측정하기도 쉽지 않고, 내가 어디에 투자하는지 명확하지 않죠. 하지만 부동산 P2P는 내가 '어디에', '무엇에' 투자하는지 너무 명확하게 보입니다.

이처럼 부동산 P2P는 적금에 비해서는 수익률, 주식형 펀드에 비해서는 안전성, 가상화폐에 비해서는 명확성 측면에서 장점이 있다고 볼 수 있습니다. 저는 앞으로도 꾸준히 부동산 P2P 투자를 통해 종잣돈을 모을 생각입니다. 이 과정에서 다양한 부동산 관련 지식이 쌓이면 나중에 부동산 직접투자를 할 때 도움이 될 것 같고요. 저처럼 자본이 많지 않은 20대라면, 그리고 어렵게 모은 종잣돈을 잃을까 두려워 안정적인 재테크를 원한다면 부동산 P2P 투자를 추천합니다.

아직도 은행 이자율만
보고 계세요?

30대 투잡족 'PIA'

2015년, 우연히 포털에서 크라우드 펀딩에 관한 기사를 읽고 P2P 투자를 처음 접했습니다. 개인 신용대출을 중심으로 몇몇 P2P 플랫폼이 막 태동하는 시기였던 것으로 기억하는데, 부동산을 담보로 대출하는 P2P 투자가 등장한 것을 보고 놀랐습니다.

당시 저는 일정 금액을 부동산에 투자했기에 통장에 남아 있는 돈은 얼마 되지 않았습니다. 그 정도 금액으로 투자할 곳 또한 마땅치 않았습니다. 잘 알지도 못하는 주식이나 펀드에 투자할 수도 없고, CMA는 투자라고 하기도 어려울 만큼 수익률이 낮아 애물단지로 전락한 지 오래였지요.

속는 셈 치고 해봤는데 정말 되네?

이런 상황에서 부동산 P2P 투자의 다양한 장점이 큰 매력으로 다가왔습니다. 물론 초창기라 조심스러운 부분도 있었지만, 모험하는 셈 치고 100만 원을 투자했는데, 정말 기사에서 읽은 것처럼 매달 이자를 받았고, 만기가 되자 약속한 날짜에 원금을 돌려받을 수 있었습니다.

이 경험을 통해 P2P에 대한 불확실함은 확신으로 바뀌었습니다. 그 뒤로는 믿을 만한 플랫폼을 한 곳 선택해 꾸준히 P2P에 투자하고 있습니다. 현재까지 총 일곱 개 상품에 투자했고, 연체 없이 모두 원리금을 상환받을 수 있었습니다. 투자한 상품을 살펴보면 NPL질권담보 상품, 부동산담보 상품, 법원 경매와 연계한 배당금담보 상품 등 다양합니다.

늘 느끼는 사실이지만, 상품에 대한 이해 없이 투자하는 것은 정말 위험한 일입니다. 저는 그나마 예전에 경매를 공부한 적도 있고, P2P 상품 구조를 어느 정도 이해한 덕에 투자할 수 있었다고 생각합니다. 초기에는 PF 상품에 투자하기도 했는데, 공부하지 않고 만만하게 도전할 상품은 아니라는 생각에 PF는 제외했습니다.

지금까지 투자한 내역을 보면, 투자 기간은 중도 상환 상품을 제외하더라도 1~12개월로 다양합니다. 투자 금액 역시 50만~400만 원까지 천차만별이고요. 수익률 면에서 보면 상품에 따라 세후 수익률이 연 6.9~10.1%이고, 평균 연 8.2%입니다.

2018년 4월 기준, 은행연합회 홈페이지에는 시중은행 정기예금의 최고 금리가 연 2.4%라고 나와 있습니다. 세후로 환산하면 연 2.03% 입니다. 단순하게 수익률로만 비교한다면 P2P 투자 수익률은 정기 예금의 약 4배에 달하는 것을 알 수 있습니다. 투자 금액이 다르다고 해도 수익률이 다르진 않을 텐데, 고작 그 정도의 이자를 얻기 위해 은행에만 투자하는 사람을 보면 아깝다는 생각이 듭니다.

건물주가 아니어도 월세를 받을 수 있다면

투자 수익을 월세처럼 매달 지급받는 것이 P2P 투자의 큰 장점이라고 생각합니다. 월세를 받으려면 부동산을 소유해야 한다는 것이 상식인데, 직접투자를 하지 않더라도 가능하니까요. 괜찮은 상품에 투자하고 기다리기만 하면 매달 수익이 지급되는 것은 다른 투자에서는 상상할 수 없는 일입니다. 부동산 직접투자는 여건이 안 돼서 어렵고, 다른 상품에 대한 이해도가 낮아 투자하기 어렵다면 부동산 P2P 투자를 적극 추천하고 싶습니다.

주식이나 펀드처럼 일반적인 투자가 아니라서 불안하다는 분도 있을 것 같습니다. 처음 P2P 투자를 시작할 때의 저처럼 말입니다. 다행히 P2P는 소액으로 분산투자하는 것이 가능합니다. 개인적으로 리스크를 피하는 가장 좋은 방법은 분산투자라고 생각합니다. P2P 투자가 처음이라 불안하다면 최대한 적은 금액으로 여러 상품에 분산투자함으로써 원금 손실 위험 등을 피할 수 있습니다.

저 또한 분산투자를 적극 활용하고 있습니다. 또 초기에는 만기가 긴 상품을 선택했지만, 요즘은 만기가 짧은 상품을 통해 투자금 회전율을 높이고 있어요. 뭔가 새로운 투자 돌파구가 필요한 분이라면 망설이지 말고 P2P 투자를 시작해보세요.

PART 2

부동산 P2P,
개념 다지기

요즘 뜨는 P2P,
누구냐 넌?

세상이 정말 빠르게 달라지고 있습니다. 스마트폰이 등장하면서 은행에 가지 않고도 입출금은 물론, 통장 계좌를 만드는 것을 넘어 이제는 투자와 재테크 판도까지 달라지고 있어요.

아마 '핀테크(FinTech)'라는 말을 한 번쯤은 들어보셨을 겁니다. 금융과 IT가 결합한 서비스를 의미하는 핀테크가 우리 생활에 파고들기 시작한 것도 최근에 크게 느낄 수 있는 변화지요.

P2P는 바로 이 핀테크의 하나로 'Peer-to-Peer', 즉 '개인 간 거래'의 줄임말입니다. 예전처럼 금융기관을 거치지 않고, P2P 플랫폼(중개업체)을 통해 돈이 필요한 사람과 돈을 빌려주고 이에 대한 수익을 얻고 싶은 사람을 연결하는 서비스예요. 대출이 필요한 사람은

시중금리보다 저렴하게 돈을 빌릴 수 있고, 투자자는 은행보다 높은
이자 수익을 얻을 수 있어 시장이 점점 커지는 추세입니다. 2018년
P2P 시장의 거래 규모는 4조 5,000억 원에 이를 것으로 예상되고 있
습니다.

기존 금융권 대출 구조

P2P 대출 구조

P2P 상품이 무엇인가요?

국내에서 P2P 대출 상품은 신용 기반 상품과 담보 기반 상품으로 나
눌 수 있습니다. 신용 기반 상품은 은행 신용대출처럼 빌리는 사람의
직업, 연봉, 상환 능력, 신용 등급 등을 평가해 상품을 구성합니다.

　반면 담보 기반 상품은 대출받으려는 사람의 자산을 담보로 잡고
돈을 빌려주는 경우입니다. 이때 정말 다양한 것이 담보가 될 수 있
어요. 보통 땅이나 건물 같은 부동산만 담보가 될 수 있다고 생각하

는데 P2P 대출에서는 그렇지 않습니다. 채권이나 주식은 물론 자동차, 명품, 보석, 향후 발생할 사업 매출, 매장 영업권 등 경제적 가치를 지니고 있으면 대부분 담보로 인정받을 수 있습니다. 예를 들어 아래와 같은 상황에 처한 자영업자가 있다고 해볼까요?

"갈치조림 전문점을 하는데, 국내에서는 3~7월에 갈치가 잡히지 않아서 해외에서 사 와야 해요."

"해외에서 선풍적인 인기를 끌고 있는 W사의 운동화를 수입하려고 하는데, 돈이 부족합니다."

기존 금융권에서는 갈치나 신발을 담보로 돈을 빌려주지 않죠? 하지만 P2P 플랫폼은 다릅니다. 식재료인 갈치를 확보하기 위해 돈이 필요한 갈치조림 전문점 사장에게는 향후 나타날 매출 채권이나 가게 보증금 등을 담보로 잡고 돈을 빌려줍니다. 운동화를 수입하려는 유통사에는 수입 물건을 담보로 대출해줄 수도 있고요.

이처럼 투자할 수 있는 P2P 상품에는 다양한 유형이 있습니다. 하지만 이 모든 것을 다 알 필요는 없어요. 현재 P2P 시장에서 가장 '핫'한 것은 부동산을 담보로 잡고 돈을 빌려주는 부동산 P2P 투자입니다. 그중에서도 토지나 앞으로 지을 건물을 담보로 잡고 건축 자금 용도로 쓰일 돈을 빌려주는 '프로젝트 파이낸싱(PF, Project Financing)이 가장 많고요. 이 책은 바로 이 부동산 P2P를 중점적으로 다룹니다.

개인 간 거래라니, 내 돈 떼이는 거 아냐?

은행 없이 개인과 개인의 거래가 어떤 식으로 이루어지는지 궁금하다고요? 예를 들어볼게요. 김부자 씨에게는 땅이 있습니다. 그는 이 땅에 건물을 지어 부동산 가치를 높이려고 합니다. 그런데 건축 과정에서 자금 2억 원이 추가로 필요한데, 은행에서 대출받기는 어려운 상황이에요.

그러자 김부자 씨는 자신의 땅을 담보로 P2P 플랫폼에 대출을 요청합니다. 그러면 P2P 플랫폼은 그 땅을 답사하고 실제 가치를 꼼꼼하게 분석합니다. 그 결과를 토대로 플랫폼은 2억 원을 연이율 몇 %로, 어느 정도 기간 동안 빌려주면 수익이 남을지 계산해 대출 상품을 기획합니다. 그런 다음 그 상품 내용을 알려 김부자 씨의 땅을 담보로 잡고 돈을 빌려줄 사람들을 모집하는 거죠.

이때 누구든 적게는 1만 원부터 수천만 원까지 원하는 금액을 투자할 수 있습니다. 약속한 기간이 끝나면 대출자는 원금을 상환하고, 투자한 사람들은 정해진 수익을 얻으면서 투자가 종료됩니다.

어떻게 보면 은행에서 펀드 상품을 만들면 고객이 그 상품에 가입해 투자하는 것과 비슷한 개념입니다. 차이가 있다면 부동산 P2P는 실물 부동산을 담보로 잡는다는 점입니다.

설명을 들은 분들은 이런 질문을 던질 수 있어요.

"은행에 돈을 빌려주면 5,000만 원까지는 예금자 보호를 받잖아요? 그런데 은행도 끼지 않고 돈을 빌려줬다가 돌려받지 못하면 어떻게 하죠?"

걱정할 것 없습니다! 누군가에게 돈을 빌려줄 때 아무 생각 없이 빌려주지 않죠? 이 사람이 갚을 수 있는지 없는지, 갚는다면 언제쯤 갚을 수 있을지, 만약 끝내 돈을 돌려받지 못하면 내 자산이 위태로 워지지 않는지 등 여러 가지를 고민한 다음 결정하잖아요?

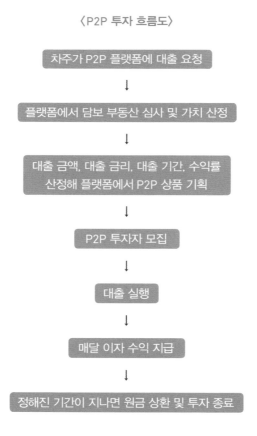

〈P2P 투자 흐름도〉

차주가 P2P 플랫폼에 대출 요청

↓

플랫폼에서 담보 부동산 심사 및 가치 산정

↓

대출 금액, 대출 금리, 대출 기간, 수익률
산정해 플랫폼에서 P2P 상품 기획

↓

P2P 투자자 모집

↓

대출 실행

↓

매달 이자 수익 지급

↓

정해진 기간이 지나면 원금 상환 및 투자 종료

P2P 플랫폼도 마찬가지입니다. 대출자가 돈을 갚지 않을 위험도를 아주 꼼꼼히 계산해 상품에 반영해요. 아무리 수익률이 높아도 대출자가 돈을 갚기 어렵다고 판단되면 이 건은 상품으로 기획되지 않고, 어느 정도 위험은 있지만 수익성이 있다면 연이율을 높게 책정하겠죠.

부동산 P2P 투자는 대출자가 끝내 돈을 갚지 못할 경우를 대비해 대출자의 부동산을 담보로 잡습니다. P2P 플랫폼의 전문 인력이 담보가 될 부동산 현장에 나가 직접 눈으로 살펴보고, 그 담보의 가치를 꼼꼼하게 따집니다. 그리고 대출자가 돈을 갚지 못하면 담보로 잡은 부동산을 처분해 투자자들의 원금을 상환하지요.

또 P2P 플랫폼은 금융감독원의 감독을 받습니다. 다만 간혹 투자 상품을 꼼꼼하게 기획하지 못하는 업체도 있으므로 플랫폼만 믿기보다는 플랫폼을 선별하는 눈, 부동산 담보 가치를 측정할 줄 아는 지식을 습득한다면 더욱 안전할 겁니다. 펀드 상품만 해도 아무런 지식 없이 은행이나 금융회사 말만 믿고 계약하기보다는, 상품에 대해 꼼꼼히 알아보고 접근하는 것이 장기적인 관점에서 안심이 되니까요. 바로 이 점이, 여러분이 퇴근 후 피곤한 몸을 달래가며 이 책을 읽는 가장 큰 이유일 겁니다.

부동산 규제 강화 움직임, P2P 투자와는 상관없을까?

부동산을 담보로 대출이 이뤄지는 상품인 만큼, 부동산 P2P 투자 역시 부동산 경기나 관련 정책에서 완전히 자유로울 수 없습니다. 일반적으로 부동산 경기가 나빠지면 가장 먼저 타격을 입는 것은 분양시장입니다. 분양이 안 되면 그 여파로 아파트를 짓지 않고, 그러면 투자도 줄어들겠죠. 이런 식으로 연쇄반응이 일어나게 됩니다.

반면 부동산 경기가 좋을 때는 분양시장이 활기를 띠고 재건축이나 재개발도 각광받습니다. 경기가 살아나야 재건축, 재개발을 했을 때 일반 분양이 잘되기 때문이에요. 부동산 경기가 좋아야 지어놓은 건물을 잘 팔 수 있죠.

최근 정부는 다양한 방식으로 부동산 규제를 강화하는 움직임을 보이고 있습니다. 부동산 P2P 투자의 위험성을 강조하는 기사도 있고요. 이런 분위기 때문에 P2P 투자가 악영향을 받지 않을까 걱정하는 분도 가끔 있습니다.

하지만 P2P 플랫폼에서 대출을 할 때 별생각 없이, 기분에 따라 대출금을 줄였다 늘렸다 하지 않습니다. 수익 확보를 전제로 엄격하게 투자를 집행하기 때문에 플랫폼은 투자자들이 이익을 얻을 수 있는 구조를 세팅합니다. 따라서 극히 일부 상품을 제외하고는 부동산 규제에 크게 영향을 받지 않으므로, 규제 때문에 P2P 투자의 부실률이 급상승할 가능성은 매우 낮다고 할 수 있어요.

나는 1만 원으로 부동산 한다

연이율 18%,
이거 실화냐?!

부동산 P2P 투자 수익률은 은행 예·적금에 비하면 월등히 높은 편입니다. 수익률이 연 8~18% 정도나 되니까요. 그런데 워낙 저금리 시대라 그런지, 이렇게 높은 수익률을 말하면 엉뚱한 오해를 사기도 합니다. 특히 부동산 직접투자가 아니라 돈을 빌려주고 이자를 받는 방식이라고 이야기하면 이렇게 의심하는 분들이 있습니다.

"모르는 사람에게 돈을 빌려준다니, 사기당하는 거 아니에요?"

"은행보다 이자율이 높은데 P2P 플랫폼에서 돈을 빌리는 사람이 있겠어요?"

"혹시 담보로 제시한 부동산에 문제가 있는 것은 아닐까요?"

은행에서 빌리면 될 것을 뭐하러 비싼 이자를 물고 P2P로 대출을 받느냐는 거죠. 그런데 이 부분은 돈을 빌리는 입장에서 생각해보면 어렵지 않게 답이 나옵니다. 앞에서 말했지만 부동산은 굉장히, 굉장히, 굉장히 비쌉니다! 한두 푼으로 구입할 수 있는 대상이 아니죠. 그러다 보니 순수하게 자기 돈만 가지고 사는 사람이 많지 않고, 대부분 대출을 받습니다.

그럼 대출을 받기 위해 가장 먼저 찾아가는 곳이 어딘가요? 바로 제1금융권, 은행입니다. 이는 은행 대출금리가 가장 낮기 때문입니다. 문제는 은행이 모두에게 열려 있지는 않다는 점입니다. 신용 등급이 낮거나 취급 대상이 아니라는 이유로 대출을 거부당할 수 있죠. 장기적으로 볼 때 갚을 능력은 되지만 대출 한도 제한에 걸려 원하는 금액만큼 빌리지 못할 수도 있고요. 또 은행의 대출 심사 기간은 보통 3일 정도인데, 상황에 따라 한 달까지 연장될 수도 있습니다. 지금 당장 돈이 필요한데, 심사 기간이 길어진다면 낭패겠죠.

바로 이런 이유에서 은행에서 대출을 받지 못할 경우 캐피털이나 저축은행 등 제2금융권의 문을 두드립니다. 그래도 부족하면 '○○ 캐시' 같은 이름을 단 대부업체를 찾아가겠죠. 그런데 '대부업체'라는 말을 들으면 어떤 느낌이 드나요? 왠지 모르게 무섭고, 음침하고, 조금이라도 돈을 못 갚으면 큰일 날 것 같지 않나요?

P2P 시장은 바로 이 틈을 정확하게 파고든 투자처입니다. 예를 들어 나행복 씨가 마침 마음에 쏙 드는 5억 원짜리 아파트가 매물로 나온 것을 발견했다고 해봅시다. 꼭 사고 싶은데 당장 동원할 수 있

나는 1만 원으로 부동산 한다

는 현금은 2억 원뿐입니다. 알아보니 은행에서는 2억 5,000만 원까지만 대출해줄 수 있다고 하네요. 그런데 3개월 후 나행복 씨 수중에 7,000만 원이 들어올 예정입니다. 이럴 때 나행복 씨가 어떤 선택을 하면 가장 이득일까요?

대출 한도는 은행보다 높이고, 금리는 대부업체보다 낮추고!

가계 부채가 심각한 문제로 떠오르면서 정부는 국민들이 가급적 대출을 받지 못하도록 규제를 강화하고 있습니다. 현재 주거용 건물에는 LTV 30~70%, DTI 30~60% 등의 기준이 적용되는데, 가장 낮은 금액이 대출 한도액이라고 볼 수 있어요. 예전에는 제2금융권의 대출 한도가 은행보다 높았지만, 지금은 은행과 같습니다.

부동산 경매 시장도 사정은 마찬가지입니다. 경매나 공매에 넘어간 부동산을 낙찰받으면 잔금을 치러야 해요. 이때 잔금을 대출받기 위해 '경락잔금대출'을 이용합니다. 보통은 낙찰가의 80%까지 대출받을 수 있어요. 하지만 주거용 건물에 대한 대출은 강화된 LTV, DTI 한도 등을 적용해 낮은 금액을 기준으로 삼습니다.

그런데 부동산 P2P 대출은 금융권 대출이 아니어서 이런 기준이 하나도 적용되지 않습니다. P2P 플랫폼마다 약간씩 차이가 있지만 대출 최고 한도가 LTV 80% 또는 85% 수준이지요. 쉽게 말해 같은 담보를 가지고 더 많은 돈을 빌릴 수 있는 겁니다.

게다가 대부업체에서 대출을 받으면 대부분 법정최고금리 수준인 연 24%에서 금리가 결정됩니다. 그나마도 27.9%였다가 2018년 2월부터 인하된 것이 이 정도입니다. 하지만 P2P 대출을 활용하면 대략 연 8~19.9% 수준으로, 이자 부담이 훨씬 줄어듭니다.

신용 등급에 아무런 영향이 없다고?

만약 나행복 씨가 5,000만 원을 대부업체에서 빌리면 어떤 일이 벌어질까요? 은행보다 훨씬 높은 고금리도 문제지만, 더 큰 문제는 신용 등급 하락입니다. 신용 등급은 1~10등급으로 나뉘는데, 1등급에 가까울수록 신용도가 좋다고 봅니다. 일반적으로 6등급 이하면 시중 은행에서 대출받기가 어려워요. 등급이 낮을수록 대출할 때 적용되는 금리가 높아지고, 등급을 떨어뜨리긴 쉬워도 단기간에 올리기는 어렵습니다.

제2금융권과 대부업체에서 대출을 받으면 신용 등급이 1~3등급 정도 떨어집니다. 특히 대부업체를 이용하면 신용 등급이 6등급 이하로 떨어지기 쉬워요. 신용 평가회사에서는 나행복 씨가 은행에서 대출을 거부당해 이자가 높은 제2금융권이나 대부업체를 이용하는 것으로 판단하기 때문이죠.

신용 등급이 떨어져 나중에 또다시 은행 대출을 받을 수 없다면 어떻게 될까요? 집을 살 만한 돈이 없는 사람은 물론, 경매 시장 참여자처럼 수시로 대출을 받아야 하는 사람에게는 치명타가 될 겁니다. 계속 대부업체에서 고금리로 대출받고 신용 등급도 낮아지는 악

순환에 빠질 수도 있고요. 다행히 부동산 P2P 대출은 신용 등급에 영향을 미치지 않습니다. 이 또한 큰 장점이 될 수 있겠죠.

단기간도 OK, 중도 상환 수수료는 0

시중은행에서 취급하는 대출 상품은 대부분 10년 이상 중·장기 상품입니다. 3개월, 6개월짜리 단기 부동산 담보대출은 취급하지 않으려고 하죠. 하지만 부동산 P2P 대출은 원하는 기간 동안에만 빌릴 수 있어요. 대출 기간이 1개월이라도 가능합니다.

게다가 은행 대출은 대개 3년 내에 조기 상환하면 중도 상환 수수료를 물어야 합니다. 대출금을 미리 갚아서 그 기간만큼 금융기관의 이자 수익이 줄어드는 데 따른 일종의 페널티라고 보면 됩니다. 이에 비해 부동산 P2P 대출은 예정보다 빨리 갚아도 중도 상환 수수료가 부과되지 않아요.

이처럼 대출자 입장에서 유리한 점이 많다 보니 먼저 은행에서 가능한 한도만큼 대출을 받고, 나머지 부족한 금액은 P2P 플랫폼에서 빌리는 사례가 점차 늘고 있습니다. 그러다 보니 P2P 시장 규모도 단기간에 급격히 커졌고, 부동산 P2P 상품에 투자하는 사람들도 계속 늘어나고 있습니다. 특히 자본이 적은 2030 세대 사이에서는 새로운 투자처로 떠오르고 있지요.

LTV, DTI, 신DTI가 뭔가요?

부동산 담보대출의 위험을 평가할 때 사용되는 지표로, 대출 액수를 정하는 기준입니다.

• **LTV**(Loan To Value ratio)

담보인정비율을 말합니다. LTV가 50%라면 집값이 1억 원일 때 집값의 50%까지, 즉 5,000만 원까지 대출을 받을 수 있어요.

• **DTI**(Debt To Income ratio)

총부채상환비율을 말합니다. 소득을 따져 갚을 수 있는 만큼만 빌려주기 위한 대출 기준이죠. 예를 들어 DTI가 50%라면 연소득이 4,000만 원일 때 연간 원리금(이자+원금) 상환액이 연소득의 50%인 2,000만 원을 넘지 않는 선에서만 대출받을 수 있습니다.

• **신DTI**

DTI를 강화한 개념이라고 생각하면 됩니다. 원래 DTI 대출의 원리금에는 신규 주택담보대출 원리금과 기존 주택담보대출의 이자만 반영됐죠. 다시 말해 주택과 연관된 대출만 깐깐하게 관리했습니다. 하지만 신DTI에서는 기존 주택담보대출 원금뿐만 아니라, 신용대출처럼 주택과 직접 상관없는 부분까지 한도에 모두 포함합니다.

나는 1만 원으로 부동산 한다

P2P 플랫폼,
그것이 알고 싶다

P2P 플랫폼은 어떻게 돈을 벌까?

만약 P2P 플랫폼과 연관 있는 회사가 직접 건물을 지어 올리면서 거기에 필요한 자금을 모집한다면 어떻게 될까요? 투자자에게 유리한 상품을 구성하기도 어렵고, 부실 대출로 이어질 수도 있겠죠. 이런 이유에서 플랫폼과 연계된 금융사는 P2P 상품에 직접투자하거나 대출을 받을 수 없습니다.

그럼 플랫폼은 어디서 돈을 버냐고요? 플랫폼의 수익 구조는 간단합니다. 대출자와 투자자에게 일종의 중개 수수료를 받는 겁니다. 이때 플랫폼이 대출받는 사람에게 받는 수수료와 투자자에게 받는 수수료는 금액이 다릅니다. 대출을 받는 사람, 그러니까 차주(借主)에게는 대개 연 2~10% 수수료를 선취 형태로 공제합니다. 가장 보편적인 경우는 연 2~4% 수준입니다. 반면 투자자에게는 연 1~2%를 수수료로 받는데, 수수료를 아예 받지 않는 플랫폼도 있습니다. 수수료는 매달 받는 경우도 있고 원금 상환 시 한꺼번에 받는 경우도 있고요. 매달 받는 경우에는 '월 0.1%' 식으로 상품 공시에 고지합니다.

상대적으로 투자자에게 받는 수수료가 낮은 이유는 최대한 많은 투자자를 확보하기 위해서예요. 아무리 능력 있는 관계자들이 수익성 높은 상품을 기획해 짜잔~ 하고 내놔도 투자자가 없으면 말짱 꽝이잖아요? 바로 이런 이유에서 투자자 수수료를 감면해주거나 최대한 낮게 잡아 투자자를 모집하는 것입니다.

불법 유사수신 플랫폼을 주의하자!

플랫폼에서 투자자 모집에 성공하고 목표 금액에 도달하면 그다음에는 들어온 자금을 연계 대부업자를 통해 차주에게 대출합니다. 우리나라 법에서는 대출은 여신회사, 즉 돈을 빌려주는 회사만이 할 수 있도록 규정하고 있어요. 그 때문에 P2P 플랫폼은 대개 대부업체를 자회사로 두고 있습니다. 금융감독원이 이들을 관리할 권한을 갖고 있지요.

무허가·무등록 상태로 영업하면서 자금을 조달하거나, '원금 보장', '수익 보장'이라는 표현을 앞세워 투자자를 모집하는 것을 '유사수신행위'라고 합니다. 유사수신행위를 하는 플랫폼에는 공통점이

나는 1만 원으로 부동산 한다

있어요. 많은 금액을 한번에 빨리 모아야 하기 때문에 법정최고금리를 넘어서는 연 26%를 챙겨준다거나, 투자 원금의 30%를 보장한다는 등 들으면 혹할 수밖에 없는 수익률을 제시하는 것이죠. 딱 봐도 말도 안 되는 이야기에 어떻게 속을까 싶겠지만, 바람잡이까지 동원해 작정하고 달려들면 속아 넘어가기 쉽습니다.

게다가 유사수신 플랫폼은 통상적인 대출 계약 형태로 돈을 빌려주지 않습니다. 이보다는 계약 없이 조합출자나 투자 등의 방식으로 특정 사업에 투자하고, 이렇게 해서 나오는 수익을 투자자들에게 나눠주기도 합니다. 이렇게라도 투자한 원금을 돌려주면 그나마 다행인데, 최악의 경우에는 '먹튀' 할 수도 있어 문제가 됩니다.

또 P2P 플랫폼은 자신과 관계 있는 사람에게 대출을 해주지 못하지만, 유사수신 플랫폼은 자기 회사나 관계사에서 필요한 자금을 직접 모집하는 경우가 많습니다. 이때 돈을 플랫폼이나 플랫폼 대표 명의로 보관하기 때문에 회사가 부도 날 경우 투자금 전부가 제3자에게 압류될 수 있습니다. 따라서 투자를 시작할 때는 정상적인 플랫폼인지, 유사수신행위를 하는 곳인지 여부를 잘 따져보고 선택해야 합니다.

금융감독원에 등록된 플랫폼인지 확인하는 데는 두 가지 방법이 있습니다. 우선 플랫폼 홈페이지를 꼼꼼하게 확인하는 것입니다. 보통은 플랫폼 홈페이지 하단에 '플랫폼 사업자'와 '여신 사업자(또는 통신판매업)'라는 표시가 있습니다. 여신 사업자란 돈을 빌려준다는 것이고, 통신판매업이란 온라인으로 대출과 투자가 이뤄진다는 뜻입니다.

믿을 만한 곳인지 이렇게 확인하자

만약 금융감독원 등록 여부를 밝히지 않는 플랫폼이라면 유사수신 플랫폼일 가능성이 높습니다. 그럼 어떻게 해야 확실하게 알 수 있냐고요? 금융감독원 금융소비자정보포털 '파인(fine.fss.or.kr)'에 들어가면 됩니다. 웹사이트 오른쪽 하단에 '금융회사 → 등록대부업체 통합조회 → P2P 연계 대부업' 순으로 들어가면 플랫폼을 검색할 수 있어요. 이때 플랫폼명, 등록 번호, 대표자 명의, 영업 소재지, 대표 전화번호가 플랫폼 홈페이지에 명시된 정보와 일치하는지 확인해보세요. 만일 알고 있는 전화번호와 등록된 전화번호가 다르다면, 파인에 등록된 대표 전화번호로 직접 전화를 걸어 확인해보는 것도 좋습니다.

상식을 벗어난 고수익을 제시하거나, 등록된 정보와 내가 아는 정보가 달라 유사수신 플랫폼으로 의심되면 바로 신고해야 합니다. 참고로 금융감독원은 '불법 금융 파파라치' 제도를 운영하고 유사수신 행위 등을 신고하면 포상금으로 건당 최고 1,000만 원까지 지급하고 있어요. 신고는 금융감독원 불법금융피해신고센터(☎1332), 금융감독원 불법금융 SOS 신고센터(http://www.fss.or.kr/sos), 파인, 경찰서 등으로 하면 됩니다.

플랫폼이 내 돈을 다른 곳에 쓰면 어떡하지?

은행이나 대형 금융 시스템에 익숙한 투자자 입장에서는 P2P 플랫폼을 살펴봐도 고만고만하게 여겨지는 경우가 많습니다. 거기다 플랫폼 내부 사정을 속속들이 알 길이 없으니 때로는 속고 있는 것은 아닌가 불안해지기도 하고요. 투자자 입장에서 '피 같은 내 돈'을 받아 공시한 대로 투자하지 않고 엉뚱한 곳에 사용하는 게 아닌지 걱정하는 것은 당연한 일입니다.

하지만 앞서 말했듯이 금융감독원에 정식 등록되어 관리를 받는 플랫폼이라면 크게 불안해할 필요는 없습니다. 이런 플랫폼은 투자자의 돈과 플랫폼의 자산이 뒤섞이지 않도록 하는 장치를 두고 있거든요. '제3자 예치금 관리 시스템'을 도입해 은행이나 신탁회사 등 제3의 기관에서 예치 또는 신탁 관리하도록 되어 있습니다. 이는 설령 플랫폼이 파산하는 사태가 벌어지더라도 투자자의 자산을 온전히 지키기 위한 조치입니다. 은행이 파산해도 예금자의 금융자산을 5,000만 원까지 보호받을 수 있는 것과 비슷한 맥락이라고 생각하면 됩니다.

그 때문에 부동산 P2P 상품에 투자할 때는 가상 계좌를 이용해 입금하고, 나중에 이자와 원금도 가상 계좌로 지급받습니다. 가상 계좌란 입금한 사람과 입금 내역을 쉽게 식별하기 위한 일종의 코드입니다. 동명이인 등의 이유로 확인이 안 되는 경우는 없습니다. 가상 계좌에서 출금할 때는 개인 은행 계좌로 출금을 신청하면 됩니다. 연계된 은행 계좌로 출금을 신청하면 수수료를 낼 필요는 없지만, 특별한 사정이 없는 한 다음 영업일에 입금됩니다.

이런 사람, 부동산 P2P에
반드시 투자하라

재테크에 몰두할 시간과 에너지가 부족하다면

부동산 P2P 투자의 매력은 다양하지만, 뭐니 뭐니 해도 생업에 종사하며 병행하기에 좋은 투자라는 점을 꼽을 수 있습니다. 늘 주식시세를 확인하며 신경을 곤두세울 필요도 없고, 경매처럼 실물 부동산을 보기 위해 낮이고 밤이고 현장을 돌아봐야 하는 것도 아니니까요.

사실 전업 투자자라면 모를까, 평범한 직장인이 직장일 말고 다른 곳에 시간과 에너지를 쏟는 것은 정말 어려운 일입니다. 저와 투자 스터디에서 함께 공부하거나 유튜브 칸TV를 구독하는 분들도 이런 점을 가장 큰 어려움으로 꼽습니다.

그런데 부동산 P2P 투자는 퇴근 후나 주말에 잠시 짬을 내 상품을 살펴보는 것만으로 충분합니다. 그 외에는 그저 돈을 빌려주고 약속한 기간 동안 기다리면 이자 수익을 얻는 거죠.

쥐꼬리만 한 은행 이자에 화가 난다면

은행의 예·적금 금리는 연 1.7% 전후입니다(2018년 4월 기준). 하지만 평범한 사람들이 체감하는 금리는 더 낮습니다. 수시로 돈을 넣고 뺄 수 있는 입출금 통장은 이자가 없거나, 있더라도 연 0.1% 수준 정도에 불과하죠. 과자 하나도 사 먹지 못할 정도이니 이걸 수익이라 말하기도 민망합니다.

이렇게 낮은 이자율에 만족할 수 없다면 부동산 P2P 투자가 좋은 대안이 될 수 있어요. 평균 수익률이 연 12~13% 정도이고, 경우에 따라서는 최고 연 18~20%까지 수익률을 올릴 수 있거든요.

투자하고 싶은데 종잣돈이 적어서 고민이라면

부동산 P2P 투자는 잘 찾아보면 최저 투자 금액이 1만 원인 상품도 있습니다. 이처럼 소액으로도 얼마든 투자할 수 있다는 점 또한 큰 매력이지요. 주위를 둘러보면 폼 나게 목돈을 지출한 것도 아닌데 월급이 어디로 가버렸는지 모르겠다는 사람, 생활비를 충당하느라 종잣돈 모으기 힘들다는 사람들이 많습니다.

물론 5만 원, 10만 원 아껴서 모아봤자 언제 종잣돈이 되겠냐고 생각하실 수도 있어요. 하지만! 그렇게 해서 모은 돈을 부동산 P2P

나는 1만 원으로 부동산 한다

상품에 투자한다면 이야기가 달라집니다. 티끌 모아 티끌 같기만 하던 돈이, 어느새 태산처럼 보일 날이 올 수 있습니다. 여윳돈이 없는 사람도 얼마든지 종잣돈 만들기에 성공할 수 있어요.

부동산 투자를 돈 벌면서 익히고 싶다면
부동산 P2P 상품에 투자할 때 가장 중요하게 고려해야 할 것 중 하나가 상품 '공시', 그러니까 상품 설명서를 꼼꼼하게 보는 것입니다. 다양한 부동산 담보를 계속 접하는 것 자체가 부동산을 공부하는 과정이 되거든요. 그 과정에서 각 지역 부동산 시세가 대략 얼마인지, 임대계약서나 매매계약서, 등기부등본, 토지매매계약서, 감정평가서 등은 어떻게 읽는지 익힐 수 있고요.

더 나아가 어떤 물건으로 경매를 진행하고 어떻게 건물을 올리는지 등 부동산의 전반적인 과정에 눈을 뜨게 됩니다. 이처럼 부동산 P2P 투자를 통해 많은 시간 들이지 않고 돈도 벌면서 부동산 직접투자를 생생하게 예행연습할 수 있답니다.

이런 사람, 부동산 P2P에
절대로 투자하지 마라

앞서 말한 것처럼 부동산 P2P 투자는 다양한 장점이 있습니다. 하지만 모든 것이 그렇듯이, 절대적으로 맞고 틀리는 것은 없어요. 이 재테크가 자신의 성향과 맞는지 아닌지 판단하는 것이 가장 중요합니다. 이는 어떠한 유형의 투자든 본격적으로 시작하기에 앞서 스스로 고민해볼 문제입니다.

그럼 부동산 P2P 투자와 맞지 않는 사람은 어떤 유형일까요? 저는 아래와 같이 대략 네 가지 유형으로 분류합니다.

숫자만 보면 가슴이 뛰고 머리가 아픈 사람

주식이나 펀드에 투자하면서 상품 설명서를 읽지 않는 분들, 보험에 가입하면서 보험약관을 읽지 않는 분들이 의외로 많습니다(지금 뜨끔한 분들 계시죠?). 만약 부동산 P2P 투자에서 이렇게 한다면 어떻게 될까요? 플랫폼의 전문가들이 워낙 꼼꼼하게 구성한 상품이라 손해는 안 볼 가능성이 높지만, 자기 판단이 반영되지 않으니 평균을 뛰어넘는 수익을 기대하기도 어려울 것 같습니다.

"그렇게 공부하고 투자할 바에는 직접투자를 하죠. 내용이 암호문처럼 어려워요."

"P2P 플랫폼에서 전문가들이 이미 다 계산해서 수익률과 출구 전략(exit, 손실 방지 장치)을 만들어놓은 거 아닌가요? 꼭 내가 직접 따져봐야 하나요?"

현업에서 여러 사람들을 만나다 보면 의외로 이렇게 생각하는 분 있어요. 만약 이런 생각을 갖고 있다면 그 어떤 투자도 성공하기 어려울 거예요. 상품 공시 내용이나 첨부 자료를 보는 것이 귀찮다면 다른 투자처를 찾으시길 바랍니다. 전문가가 떠먹여주는 것이 좋다면 예·적금만 운용하는 것이 차라리 낫다고 생각합니다.

마이너스 통장에서 대출받아 투자하려는 사람

요새는 온라인 은행에서 마이너스 대출을 받을 경우 저금리를 적용받을 수 있습니다. 연 3% 정도까지도 가능해요. 만약 이렇게 낮은 이율로 대출을 받아 연 17~18% 정도 되는 부동산 P2P 상품에 투자하면 가만히 앉아서 큰 수익을 얻을 수 있다는 결론이 나옵니다.

하지만 이런 식의 투자에는 엄청난 맹점이 있어요. 실전에서는 이자 지급이 상환일보다 늦어질 수도 있고, 원금 상환 시기가 계획보다 지연될 수도 있습니다. 상품 설명서를 꼼꼼하게 읽어보지 않고 투자했다면 최악의 경우 원금을 잃을 수도 있고요. 그럴 경우 자칫 카드 돌려 막기처럼 모든 수단을 동원해 마이너스 통장의 대출이자를 내야 할지도 모릅니다.

다른 곳에서 자본을 빌려 투자하는 레버리지 전략은 더 큰 이익이 기대되는 부동산 직접투자에 활용하고, P2P 투자는 여윳돈으로만 하는 것이 가장 이상적입니다.

10만 원, 20만 원 정도는 껌값으로 여기는 사람

여기서 잠깐 퀴즈. 100만 원을 3개월 동안 투자해 연 14%의 수익을 얻었다면, 총 수익금이 얼마일까요? 100만 원×14%=14만 원? 아니죠! 연 14%라는 것은 12개월을 기준으로 삼은 수익률입니다. 따라서 3개월 동안의 수익은

(14만 원÷12개월)×3개월 = 3만 5,000원

입니다. 여기서 소득세(25.7%)를 원천징수 형태로 떼고 P2P 플랫폼에 수수료도 줘야 합니다.

이 정도 금액이면 너무 시시한 거 아니냐고요? 투자라고 하기도

나는 1만 원으로 부동산 한다

민망하다고요? 적은 수익이지만 이런 상품을 10개, 20개로 늘려나가면 금액이 커집니다.

남의 말에 귀가 팔랑거리는 사람

현재 정식으로 등록된 P2P 플랫폼은 170곳 정도 됩니다. 이들 중에는 투자자를 모집하기 위해 P2P 투자 관련 온라인 카페에서 바이럴 마케팅을 하는 업체도 있고, P2P 시장이 점점 커지면서 언론에 자주 노출되는 업체도 있습니다.

이런 현상이 나쁘다거나 잘못되었다는 말은 아닙니다. 다만 투자자가 스스로 상품을 판단할 수 있는 내공이 떨어질수록 작은 것 하나에도 이리저리 휩쓸리기 쉽습니다. 어떻게든 언론에 자주 언급되는 플랫폼의 역량이 더 뛰어나고 상품 구성도 좋을 것이라고 오해할 수 있고요. 어떤 플랫폼의 상품에 투자하든 자신만의 또렷한 주관 없이 남의 말만 믿고 투자한다면 장님이 코끼리 만지는 결과를 얻을 뿐입니다.

참고로 언론에 등장하지 않는 플랫폼이라 해서 실력이 없거나 그들이 내놓는 상품의 수익성이 떨어지는 것은 아닙니다. 소리 없이 강한 플랫폼도 상당수거든요. 잘 모를 때는 투자자들이 모인 온라인 카페 등에서 의견을 구하거나 전문가의 의견을 참고하는 것이 도움이 됩니다. 다만 투자 시에는 철저하게 상품을 분석하고 본인이 최종적으로 결정해야 한다는 사실을 잊어서는 안 됩니다.

수익률과 안전성, 나는 어느 쪽일까

'한국P2P금융협회' 회원사들은 중금리 시장을 개척하기 위해 부동산 P2P 상품을 취급할 때 금리가 19.9%를 넘기지 않도록 하고 있습니다. 그렇지만 실제 상품 공시를 보면 수익률이 대개 연 8~20% 혹은 그 이상이죠. 8%만 되도 은행 예·적금보다 수익률이 월등히 높은데, 어떻게 20%가 넘는 수익률이 나올 수 있냐고요? 답은 연체이자율에 있습니다.

연체이자율은 어떤 식으로 계약했느냐에 따라 다르게 적용되지만, 법정최고금리 수준까지 받을 수 있습니다. 그래서 플랫폼은 상품 공시에 '예상 수익률'이라는 표현으로 안내하기도 하지요. 하지만 수익률이 높다는 사실만 보고 보물섬이라도 발견한 것처럼 좋아하기만 하는 것은 금물! 수익률 편차가 크다는 것은, 부동산 담보가 있다 해도 그만큼 안전한 상품이 아니라는 뜻이거든요.

흔히 재테크에서 '하이 리스크, 하이 리턴(High Risk, High Return)'이라고들 하죠? 수익률은 기본적으로 위험과 비례하는 속성이 있습니다. 은행 예·적금 수익률이 형편없는 이유 중 하나는 그만큼 돈을 떼어먹힐 위험성이 매우 적기 때문이죠. 대출자가 돈을 갚지 않아도 은행은 개인 예금자에게 그 책임을 전가하거나 분담시키지 않습니다. 설령 은행이 망해도 예금자보호법을 적용해 일정 금액까지는 돈을 보전해주고요.

하지만 P2P 플랫폼은 돈을 빌리려는 사람과 빌려주려는 사람을 중간에서 연결할 뿐, 보증까지 서는 것이 아니에요. P2P 투자 중에서도 부동산을 담보로 잡는 부동산 P2P 투자가 인기를 끄는 것도 원금을 돌려받지 못하면 담보를 처리할 수 있기 때문입니다.

결국 수익률은 좀 낮더라도 안전한 투자를 선호하는지, 아니면 안전성이 다소 떨어지더라도 수익률이 높은 투자를 선호하는지에 따라 투자 스타일이 달라집니다. 그러니 스스로의 성향을 충분히 고려한 다음 투자를 결정하는 것이 좋습니다.

PART 3

부동산 P2P
기초부터 시작하기

부동산 P2P, 어느 정도 규모로 투자하면 좋을까?

만일 부동산 가격이 20% 이상 급락한다면, 가격 하락 전에 이루어진 대출에 대해서는 안전성을 장담하기 어렵습니다. 이 사실을 알고 있는 P2P 플랫폼은 부동산 시장이 침체되거나 대출자가 원리금을 상환하지 못할 경우를 대비합니다. 경매로 넘겼을 때 낙찰금을 회수하기 쉬운 상품을 주로 다루는 것이죠. 그래서 건축자금 대출 등을 제외하고는 1년 이내 단기대출로 상품을 구성하는 경우가 많아요. 그중에서도 3~7개월짜리 상품이 많습니다.

금융 당국 역시 이런 문제가 발생할 것을 우려해 '투자 주체'에 따라 투자 한도를 다르게 설정했어요. 금융 당국이 정한 투자 주체는 아래와 같이 크게 네 종류로 나눌 수 있습니다.

나는 1만 원으로 부동산 한다

▶ 개인 일반 투자자

가장 일반적인 유형의 투자자입니다. 부동산 P2P 대출 상품에 투자할 때는 연간 1개 상품에 대해 최대 500만 원, 1개 플랫폼에 대해서는 최대 1,000만 원까지 투자할 수 있어요. 한편 부동산 P2P 대출 상품과 신용대출 상품을 한 플랫폼에서 투자한 경우에는 각각 1,000만 원씩 최대 2,000만 원까지 투자할 수 있습니다.

▶ 소득 요건을 구비한 개인 투자자

개인 투자자라도 소득이 많으면 투자 한도를 높일 수 있어요. 단, 자격 요건이 있습니다. 이자 및 배당소득이 연간 2,000만 원 이상이거나 사업 및 근로소득이 1억 원 이상이어야 해요. 이 두 가지 요건 중 한 가지만 만족하면 됩니다. 이 경우 연간 1개 상품에 최대 2,000만 원, 1개 플랫폼에 최대 4,000만 원까지 투자할 수 있습니다.

소득을 증빙하기 위해서는 종합소득 과세표준 확정신고서나 종합소득세신고서 접수증, 근로소득 원천징수 영수증 등이 필요합니다. 개인 전문 투자자가 되고 싶다면 금융투자협회 홈페이지에서 '전문 투자자 지정 신청'을 통해 전문 투자자 확인증을 발급받아 P2P 플랫폼에 제출하면 됩니다. 법인 투자자는 사업자등록증, 법인 계좌 통장 사본 등이 필요합니다.

▶ 개인 전문 투자자

전문 투자자는 다음의 자격 요건을 '모두' 충족해야 합니다. 금융 투자업자(증권사, 은행, 자산 운용사, 투자 자문업, 투자 일임 등)에 계좌를 개설한 지 1년 이상이고, 금융 투자 상품 잔고가 5억 원 이상이며, 소득액 1억 원 또는 재산가액 10억 원 이상이어야 합니다. 개인 전문 투자자의 경우에는 투자 한도가 정해져 있지 않습니다.

▶ 법인 투자자

법인의 경우에는 별도의 자격 요건이나 투자 한도가 정해져 있지 않습니다. 기준이 가장 완화된 경우라고 볼 수 있어요.

투자금은 순수 여유 자금만으로!

"3개월만 돈을 돌렸으면 싶은데, 그런 상품이 있을까요?"

"3개월로 기간을 정하신 이유가 있나요?"

"그때쯤 돈을 써야 해서요."

사실 위와 같은 식의 투자는 바람직한 행태는 아닙니다. 대출받는 차주 입장에서 생각해보면 연 10%가 넘는 금리가 결코 가볍지 않습니다. 이게 부담이 되어 원리금 상환일을 며칠 넘기는 사례가 종종 있어요. 실제로 30일 이내에만 갚으면 연체로 정의되지 않습니다. 따라서 3개월짜리 상품은 엄밀히 말하면 '3개월 예정' 상품일 뿐, 연체나 부실이 발생하면 원리금 회수까지 더 오랜 기간이 소요될 수도 있습니다.

바로 이런 이유에서 부동산 P2P 투자를 할 때는 기간 변동에 상
관없는 여유 자금으로 접근하는 것을 추천합니다. 그래야 불필요한
스트레스를 자초하지 않을 수 있습니다.

플랫폼만 잘 골라도
절반은 성공!

현재 우리나라 P2P 플랫폼 숫자는 약 170개입니다. 플랫폼 수만 보아도 알 수 있듯 시장 규모는 커졌지만, 부동산 P2P 시장 자체가 생겨난 지 오래되진 않았기에 아직은 모두 스타트업 단계입니다. 그 때문에 처음 투자를 시작할 경우, 어떤 플랫폼을 선택해야 할지 고민하기 마련이죠. 그럼 지금부터 플랫폼의 옥석을 가리는 요령에 대해 알아볼게요.

하나, 한국P2P금융협회에 소속되어 있나?

반장, 대표, 협회장 등의 직책이 있는 이유는 단지 감투를 쓰기 좋아하는 사람들이 많아서가 아닙니다. 어떤 내용을 전달하거나 조율하

나는 1만 원으로 부동산 한다

고 효율적으로 관리하기 위해서죠. P2P업계에도 플랫폼의 모임인 '한국P2P금융협회(p2plending.or.kr)'가 있습니다. 여기에 가입하려면 일정 요건에 부합해야 합니다. 만약 요건을 충족시키지 못하면 가입할 수 없고, 가입되었어도 문제가 생기면 탈퇴 처리됩니다.

이곳에 회원으로 가입하려면 자금 흐름 내역과 대출 집행 여부 등에 문제가 없어야 합니다. 회원사는 매년 1회 외부 회계감사, 투자위험 고지, 매달 연체 및 부실 비율을 명시한 공시 자료 발표 등의 준칙을 지켜야 해요. 감사 역시 설렁설렁 형식적으로 하는 것이 아니라 상품 공시 내용을 기준으로 깐깐하게 진행하지요. 그렇기 때문에 투자금만 모집해놓고 실제 대출을 실행하지 않는 유사수신행위 등은 하기 어렵습니다.

물론 협회가 법적 강제력이 있는 기구는 아닙니다. 그러나 협회에 가입되어 있다는 것은, 투자자를 위한 최소한의 제도적인 안전망을 마련하고 있다는 뜻이죠. 철저하게 감사를 받는 플랫폼은 그렇지 않은 플랫폼보다 투명하게 운영할 가능성이 높다고 볼 수 있습니다.

둘, 플랫폼 임직원은 어떤 사람들이지?

단순히 일시적인 자금을 조달하기 위해 P2P 대출을 받는 경우도 있지만, 소위 '꾼'이라고 할 수 있는 전문 투자자도 이를 많이 활용합니다. 상품 공시를 보면 고도의 전문성이 필요한 경매 물건이나 건축물 등 차주에게서 소위 '프로 냄새'가 나는 상품이 있어요. 담보로 걸린

부동산의 등기부등본을 훑어보면 '이게 뭐야?' 할 정도로 압류 목록
이 줄줄 걸려 있거나, 경매에 한 번 넘어가기도 어려운데 여러 번 넘
어간 경우도 있고요. 권리관계가 복잡하게 꼬여 있거나 안전성이 떨
어져 은행에서는 다루길 꺼리는 부동산도 있습니다.

　돈을 못 갚을 경우를 대비해 담보라고 잡고 있었는데, 나중에 알
고 보니 담보 가치가 없는 부동산이라면 그야말로 투자자가 큰 손해
를 보겠죠. 하지만 P2P 상품 투자자는 아무래도 이런 부분을 파악하
는 전문성이 떨어질 수밖에 없습니다. 이런 복잡한 내용을 모두 꿰뚫
어 볼 줄 안다면 직접투자에 뛰어들지 이자 수익을 얻는 간접투자에
만족하지는 않을 거예요.

　바로 이런 이유에서 플랫폼 임직원의 능력도 꼼꼼하게 따져봐야
합니다. 프로를 상대하려면 먼저 프로가 되어야 하거든요. 따라서 플
랫폼 대출 심사역의 역할이 매우 중요합니다. 위험성이 높은 물건은
걸러내고, 상품을 구성할 때 사전에 어떤 위험이 튀어나올지 모두 파
악해야 하기 때문이에요. 그래야만 제대로 된 출구 전략을 갖춘 상품
을 구성할 수 있습니다. 투자자가 플랫폼에 수수료를 지불하는 이유
는 자신을 대신해 플랫폼이 이런 일들을 충실하게 수행하기를 원하
기 때문입니다.

　그러니 플랫폼을 고를 때 임직원의 실무 경력을 살펴보는 것은 기
본 중의 기본입니다. 홈페이지에 들어가도 임직원의 이력 소개가 없
거나 흐지부지 생략된 느낌이라면 이를 간과하지 말아야 합니다.

셋, 이 플랫폼의 주력 분야는 무엇이지?

부동산 P2P 상품은 틈새시장 성격이 강합니다. 은행에는 대출이 실행되기 어려운 것, 그러나 대출 수요가 존재하는 것을 찾아 파고든 상품이 많죠. 그래서 플랫폼마다 강점을 떠난 주력 분야가 있기 마련인데, 이는 플랫폼 홈페이지를 보고 판단할 수 있습니다. 그간 어떤 상품을 주로 기획해서 판매했는지 살펴볼 수 있어요.

누구든 망하기 위해 사업을 하지는 않습니다. 대출 신청을 받아들여 투자하는 것은 사후 처리까지 매끄럽게 할 수 있다는 판단이 섰기에 가능합니다. 아무리 플랫폼이라도 자신이 없다면 대출해주지 않겠죠. 따라서 플랫폼이 구성한 상품에서 자주 등장하는 유형이 그 플랫폼의 주력 상품이라고 보면 됩니다.

넷, 이 플랫폼이 구성하는 상품의 연체율은?

'연체'란 원리금 상환 약정 기일을 30일 이상 어기는 상태입니다. 90일을 넘기면 부실로 분류되고요. 돈을 빌려준 사람 입장에서는 연체나 부실이 발생하면 연체이자를 받을 수도 있지만, 자칫 원금을 잃을 위험으로 이어질 수 있습니다. 만약 어떤 플랫폼에서 구성한 대출 상품을 봤을 때 연체율이 계속 높은 상태라면, 이는 그 플랫폼의 대출 심사 역량과 추심 능력이 떨어진다고 할 수 있어요.

투자자라면 누구나 연체나 부실과 연체에 민감하게 반응할 수밖에 없습니다. 따라서 플랫폼은 이와 관련된 정보를 고지해야만 합니다. 홈페이지에 연체율과 부실률은 물론 대출 구조, 누적 대출 금액, 대출 잔액 등을 게재하도록 되어 있어요. 만약 여러 플랫폼의 연체율과 부실률 등을 한곳에서 살펴보고 싶다면 한국P2P금융협회 홈페이지 공시 자료를 이용하면 됩니다.

그런데 여기서 한 가지 주의할 것이 있어요. 현재 연체율과 부실률이 0%라고 해서 무조건 우량한 플랫폼인 것은 아니라는 점입니다. 연체율과 부실률은 계속 누적되는 구조가 아니거든요. 연체율이 10%였더라도 그게 해결되면 다시 0%로 떨어질 수 있어요. 과거에는 부실 발생 횟수가 많은 플랫폼이었더라도 그런 이력은 표시되지 않아 현재는 0%로 보일 수 있고요. 또 부실이 거의 확실시되지만 대출 상품 만기가 아직 돌아오지 않아 당장은 아무런 문제가 없는 것처럼 보일 수도 있습니다. 연체율은 어디까지나 참고 자료일 뿐 절대적 지표는 아니란 것을 알아두세요.

다섯, 이 플랫폼의 투자자 보호 정책은 어떨까?

투자금 보호 장치 여부를 확인하는 것도 중요합니다. 협약 기관은 신뢰할 수 있는 곳인지, 연체나 부실이 발생했을 때 어떤 방식으로 처리하는지 살펴보는 것이죠. 이외에도 각종 공시 정보가 투자 상품이나 이용 약관에도 동일하게 기록돼 있는지 확인해보세요.

나는 1만 원으로 부동산 한다

여섯, 투자자들 평은 어떨까?

인터넷에는 부동산 P2P 투자에 관심 있는 사람들이 모인 온라인 카페가 많습니다. 관심사가 같은 이들을 통해 상품 선택 요령이나 투자 경험담을 듣는 것도 여러모로 도움이 됩니다. 각 플랫폼의 특징이나 투자 후기 등을 알아볼 수도 있고요.

다만 일부 카페 등은 플랫폼에서 광고비를 받아 특정 상품을 홍보하는 등 상업성을 띠는 경우도 있습니다. 그러니 온라인에서 얻는 정보를 100% 신뢰하지 말고, 어디까지나 참고하는 정도로 생각하는 것이 좋습니다.

또 투자 금액의 일정 부분(1~5%)을 돌려주는 리워드(reward) 방식이나 과도한 이벤트, 경품 등을 활용하는 플랫폼도 있습니다. 여기에 현혹되어 자칫 잘못된 판단을 하지 않도록 주의해야 합니다.

일곱, 투자자를 오프라인에서 모집하는 플랫폼은 No!

대부업법 시행령 제2조의 4 및 가이드라인에 의하면, P2P 대출 정보중개업을 '온라인을 통해 대출 정보를 중개하는 행위'로 정의하고 있습니다. 이 조항에 의거해 P2P 플랫폼은 투자자를 오프라인에서 모집하지 않아요. 만약 오프라인에서 투자자를 모집하는 플랫폼이라면 피하는 것이 좋습니다.

담보가 있다고
모두 안전한 것은 아니야

부동산 상품군에는 아파트, 빌라, 상가, 토지 등을 담보로 하는 부동산 담보 상품, 아직 지어지지 않은 부동산을 담보로 잡는 프로젝트 파이낸싱(PF) 상품, 그리고 이 프로젝트 파이낸싱 상품에 신탁회사가 낀 상품 등이 있습니다. 지금부터는 일반적인 부동산 담보 대출 상품을 살펴볼 거예요.

대개 부동산을 담보로 하는 대출 상품에서는 차주의 신용도를 크게 따지지 않습니다. 문제가 생기면 담보를 처분해 원리금을 받아내면 되기 때문이죠. 이런 이유로 담보가 있으면 무조건 안전한 상품이라고 여기는 분들이 많은데, 반드시 그렇지는 않습니다.

"칸데오, 이 상품 수익률이 연 18%인데, 이 정도면 안전한 거죠?"

"채권 순위는 확인해보셨어요?"

"채권 순위요? 부동산 담보만 있으면 되는 것 아닌가요?"

채권이란 다른 말로 '돈을 받을 권리'입니다. 그런데 부동산은 가격이 높다 보니 하나를 담보로 대출을 여러 건 받을 수 있어요. 둘 이상의 채권자가 있을 때 등기부등본에 가장 먼저 기록되는 대출이 1순위 권리입니다. 등기부등본에 적힌 순서가 곧 돈 받을 순서라고 할 수 있어요. 이 순서는 매우, 매우, 매우 중요합니다. 담보로 잡힌 부동산이 경매에 넘어갔을 때 먼저 빌려준 순서대로 원금을 받을 수 있거든요. 바로 이런 이유 때문에 후순위 채권일수록 대출이자가 높아집니다.

담보에 대한 내 권리, 어떻게 표시할까?

담보가 있어도 손실을 볼 수 있는 경우를 이야기해볼게요. 한이쁨 씨는 3억 원짜리 아파트를 매입하면서 대출을 받았습니다. 이 아파트를 담보로 똑소리은행에서 1억 5,000만 원, 어설픈펀딩이란 P2P 플랫폼에서 5,000만 원을 빌렸지요. 이제 이 아파트의 등기부등본에는 채권에 대한 권리가 기록됩니다. 똑소리은행이 채권최고액 1억 8,000만 원, 어설픈펀딩이 채권최고액 6,500만 원에 대한 권리를 가진다는 것을 표시하는 거죠.

그런데 잠깐! 은행에서 대출받은 금액은 1억 5,000만 원인데, 등기부등본에는 채권최고액을 1억 8,000만 원으로 더 높게 적어두는 이유는 무엇일까요?

대출을 받아 집을 사는 것이 드문 일이 아니다 보니, 부동산 담보대출을 쉽게 여기는 경향이 있어요. 하지만 갚을 능력이 떨어지는 사람에게는 정말 무서운 채권입니다. 대출받은 후 2~3개월 동안 원리금을 연달아 갚지 못하면 바로 '무수익여신', 그러니까 부실채권으로 처리되고 경매 시장에 넘어갑니다. 보통 그 기간이 1년 정도 걸리는데, 이 과정에서 경매에 소요되는 비용과 연체이자가 발생하기 때문에 원금보다 더 많은 금액만큼 채권최고액을 설정하는 것이죠.

이처럼 원금과 이자에 대한 권리를 '근저당권'이라고 합니다. 채권최고액을 설정할 때는 시중은행과 저축은행은 대출 원금의 120% 수준, P2P 플랫폼은 130% 수준에서 설정해 근저당권을 표시합니다.

담보물을 볼 때는 반드시 채권 순위부터!

안타깝게도 한이쁨 씨의 아파트 시세는 2억 4,000만 원으로 하락했습니다. 여기에 대출이자도 감당하지 못해 아파트를 임의경매로 내놓게 되었습니다.

경매 시장에 나온 아파트가 2억 2,000만 원에 낙찰됐다고 가정하면, 채권자들은 이 돈을 가지고 원리금을 회수합니다. 이때 순위가 높은 채권자부터 먼저 돈을 가져가게 되어 있어요. 법원에서

> **TIP**
>
> **임의경매**
> 담보권을 실행하기 위한 경매. 채무자가 빚을 갚지 않아 채권자가 담보로 잡은 부동산에 대해 신청하는 경매를 말한다.

경매 낙찰자에게 받은 돈을 우선순위에 따라 채권자들에게 나눠주는 거죠.

일단 우선순위 권리가 있는 경매 소요 비용을 빼고 나면, 1순위 채권자인 똑소리은행이 먼저 연체이자를 적용한 원리금을 가져갑니다. 배당금 2억 2,000만 원 중 등기부등본에 적힌 대로 최대 1억 8,000만 원까지 가져갈 수 있어요.

만약 똑소리은행이 채권최고액까지 다 가져갔다면 2억 2,000만 원에서 경매 소요 비용을 빼고, 또다시 1억 8,000만 원을 빼면 남은 돈은 대략 3,800만 원이 조금 넘을 겁니다. 그러면 2순위 채권자인 어설픈펀딩은 자신의 채권최고액 6,500만 원은 고사하고, 대출 원금인 5,000만 원에도 못 미치는 금액만 가져가므로 손실을 입게 됩니다. 정확하게는 어설픈펀딩이 손실을 입는 것이 아니라 어설픈펀딩 상품에 투자한 사람들이 손해를 보는 거죠. 바로 이런 이유 때문에 채권 순위가 높을수록 더 안전하다고 말하는 것입니다.

대출이 이뤄진 시점에 어설픈펀딩에서는 후순위 대출이라도 원리금을 회수할 수 있다고 판단했을 겁니다. 그렇지 않았다면 대출 금액을 6,500만 원보다 훨씬 낮췄겠죠. 이처럼 중간에 부동산 가격이 큰 폭으로 주저앉아버리면 후순위 채권은 속수무책이 될 수도 있습니다.

앞에서 살펴보았듯이 후순위 채권은 위험도가 상대적으로 높은 만큼 높은 금리가 적용됩니다. 부동산 P2P 투자에서는 수익률을 높여주는 수단이 되기도 하지만, 위의 경우처럼 아예 원금도 회수하지 못할 가능성이 있기 때문에 신중하게 판단해야 합니다. 그러니 담보물이 있어도 채권 순위에 따라 회수 여부가 달라질 수 있다는 점, 반드시 잊지 마세요!

공동투자 상품? 투자금 회수 순위를 확인하자!

P2P 플랫폼이 기획하는 상품은 계속 진화하고 있습니다. 플랫폼마다 자신 있는 상품으로 경쟁하는 것을 넘어, 최근에는 몇몇 플랫폼이 공동투자 상품을 내놓기 시작했어요. 하나의 대출 상품에 대해 함께 투자자를 모집하는 방식입니다. 이렇게 하면 플랫폼 입장에서는 훨씬 쉽게 자금을 모집할 수 있어요.

물론 투자자에게도 유리한 점이 있습니다. 여러 플랫폼의 심사 시스템을 동시에 적용해 안전성이 좀 더 높은 대출 상품이 구성될 수 있다는 점이죠. 여러 사람이 깐깐하게 체크한다면 그만큼 오류나 위험성이 줄어들 수 있으니까요.

다만 여러 플랫폼이 공동으로 개입하는 상품이어서 자칫 상환에 차질이 생기면 플랫폼 간에 분쟁이 생길 수 있습니다. 대개는 손실이 발생하더라도 공동투자 상품인 만큼 손실도 동일하게 부담하는 형식으로 계약하지만, 만약 그렇지 않다면 갈등이 발생할 여지가 있어요. 따라서 어느 플랫폼이 1순위로 원리금을 회수할지를 놓고 분쟁을 일으킬 가능성에 대비해야 합니다. 그러려면 플랫폼들 사이의 채권 순위를 살펴봐야겠죠.

나는 1만 원으로 부동산 한다

저당권과 근저당권, 무엇이 다른가요?

저당권과 근저당권은 모두 소유권은 넘겨받지 않았지만, 등기를 통해 채무를 변제받을 권리입니다. 채무자가 돈을 갚지 않으면 담보를 처분할 수 있는 권리인 거지요.

하지만 엄밀히 말해 소유권을 넘겨받은 것은 아니기 때문에 채권자가 자기 집처럼 들어가서 살 수는 없습니다. 점유권을 행사할 수는 없다는 말이죠. 만약 채권자가 근저당권을 갖고 있다고 해서 드라마나 영화에 나오듯이 채무자 집에 들어가서 배 째라는 식으로 드러누우면 무단침입이 됩니다.

저당권과 근저당권, 단지 '근'이라는 한 글자에 따라 달라지는 이 둘의 차이점은 간단합니다. 채권액이 확정된 것이냐, 불확정된 것이냐 여부입니다. 집을 담보로 1,000만 원을 대출받았다고 예를 들어볼게요. 이후 400만 원을 갚았다면 저당권의 경우 바로 이에 대한 감액등기를 해야 합니다. 400만 원을 갚았다는 사실이 등기부등본상에도 동일하게 기록되어야 한다는 뜻입니다.

반면 근저당권은 실제 부채와 등기부등본에 표시된 근저당 액수가 동일하지 않아도 됩니다. 그러니 중간에 빚을 일부 갚았더라도 굳이 감액등기를 할 필요가 없습니다. 심지어 빚을 다 갚은 뒤 말소등기를 신청하지 않으면 대출금을 다 갚았다 해도 등기부등본에 근저당권 표시가 사라지지 않고 남아 있을 수 있습니다.

연체가 발생했다고
벌벌 떨 필요가 없다

자신만만하던 투자자가 가장 안절부절못하는 경우가 있습니다. 바로 원리금 상환이 연체되는 상황이죠! 사실 담보 가치가 확실하다면 연체나 부실을 겁낼 필요가 없습니다. 앞서 말했지만 아이러니하게도 연체가 발생하고 부실로 이어지면 투자자의 수익률은 더 높아집니다. 법정최고금리 수준에 달하는 연체이자를 얻을 수 있거든요. 이 말은 부실이 발생했을 경우 1년 정도 걸릴 것으로 예상되는 경매 과정을 P2P 플랫폼이 직접 관장할 수 있다면, 채권최고액에 도달할 때까지 연체이자를 받을 수 있다는 뜻이기도 합니다.

하지만 대다수 투자자들은 이런 수익 구조를 모르는 경우가 많아 연체된다는 사실만으로 불안해합니다. 언론에서도 'P2P 대출 연체율 상승, 여신 리스크 걱정', 'P2P 대출 연체율 급등 주의보', 'P2P 연체율 증가 추세, 예방법은?' 등 연체가 발생하면 모든 것이 끝난다는 식으로 접근하는 경우가 많고요.

물론 부실이 발생했을 때 연체이자를 받아낼 수 있는 것이 모든 P2P 상품에 해당되는 것은 아닙니다. 주로 부동산담보대출인 경우에 해당되죠. 신용대출 등에서도 연체이자를 받을 수 있지만 대출자에게 받아낼 돈 자체가 없는 경우에는 손실을 입습니다. 이런 이유에서 이자만 내다가 만기에 원금을 갚는 부동산담보대출과 달리, 신용대출에서는 이자와 함께 원금의 일부도 같이 갚도록 하는 방식을 적용하는 겁니다.

P2P 플랫폼은 연체가 발생할 때 투자자들이 불안을 느낀다는 사실을 알고 있습니다. 플랫폼에서 아무리 괜찮다고 설명해도 투자자들이 다른 플랫폼의 상품으로 갈아타면 손해를 보게 됩니다. 그래서 플랫폼은 연체율과 부실률을 0%로 유지하기 위해 총력을 기울입니다. 그 방법으로 부동산담보대출에서 부실이 발생하면 부실채권 매입회사 등 제3자에게 빠르게 매각하죠. 이를 '채권 매각'이라고 합니다. 반대로 매각한 권리를 사는 것은 '채권 매입'이라고 하고요. 부동산 P2P 상품 공시 내용을 보면 '채권 매입 보증된 기관에 매각', '채권 매입 보증'이라는 표현이 있는 경우가 많은데, 바로 이런 의미입니다.

등기부등본,
어디까지 들여다봤니?

P2P 투자를 설명하다가 갑자기 웬 등기부등본이냐고요? 등기부등
본은 직접투자든 간접투자든, 부동산이 연관되어 있다면 가장 꼼꼼
하게 살펴봐야 할 대상입니다. 일종의 공적 장부인데도 제대로 볼 줄
모르는 사람이 의외로 많거든요. 대부분 부동산 중개업소를 통해 거
래하고, 본인이 샅샅이 들여다보지 않아도 중개업자가 주요 내용을
설명해주기 때문이 아닐까 싶습니다.

부동산 P2P 투자도 마찬가지입니다. '플랫폼에서 이미 한번 걸러
낸 부동산인데 나까지 볼 필요 있겠어?'라며 관심을 갖지 않는 분이
있어요. 하.지.만! 이건 엄청난 오산입니다. 부동산 P2P가 아무리 간
접투자라고 해도 등기부등본 정도는 직접 볼 줄 알아야 합니다. 그렇

나는 1만 원으로 부동산 한다

지 않다면 담보 대상 부동산에 대해 제대로 된 판단을 내리기 어려울 때가 많습니다. 특히 경매 물건이 담보인 상품이라면 더더욱 필요하죠. 눈 뜬 장님 식 투자를 하고 싶지 않다면 반드시 등기부등본을 읽을 줄 알아야 합니다.

등기부등본은 부동산의 '자기소개서'

등기부등본은 '등기사항전부증명서'라고도 불리는데, 부동산의 자기소개서와 같아요. 그래서 등기부등본만 봐도 부동산의 위치와 면적, 그간 누가 누구에게 얼마를 받고 이 부동산을 팔았는지, 현재는 누가 소유자인지, 소유자가 그 부동산에서 살고 있는지 아니면 세를 주고 있는지, 이 부동산을 담보로 언제 어디서 얼마나 대출을 받았는지 등을 알 수 있어요. 또 소유자의 주민등록번호 뒷자리를 보고 여자인지, 남자인지, 몇 살인지 등 개인 정보까지 어느 정도 파악할 수 있고요.

등기부등본은 집주인이나 거주자가 아니어도 대법원 인터넷 등기소(www.iros.go.kr)에 들어가면 얼마든지 열람하거나 발급받을 수 있습니다. 대법원 인터넷 등기소에 접속해 집주소를 검색하면 됩니다. 인터넷 등기소에 접속하면 가장 먼저 아래와 같은 화면을 볼 수 있습니다.

여기서 무엇을 봐야 할지 헷갈리는 경우가 종종 있어 간략하게 알아볼게요. '등기기록상태'에서 '현행, 폐쇄, 현행+폐쇄' 중 하나를 선

열람하기

열람수수료는 700원 , 발급수수료는 1000원 입니다.
본 열람 화면을 통해 출력하신 열람용 등기사항증명서는 법적인 효력이 없으므로 관공서 등에 제출할 수 없습니다.

| 간편 검색 | 소재지번으로 찾기 | 도로명주소로 찾기 | 고유번호로 찾기 | 지도로 찾기 | ▶ 등기유형안내 |

검색 감추기 ⌃

- 부동산구분 전체 ▼   · 시/도 전체 ▼   · 등기기록상태 현행 ▼
- 주 소

☐ 공동담보/전세목록   ☐ 매매목록   ? 검색도움말   🔍 검색

택하도록 되어 있습니다. 현행은 현재 살아 있는 권리만 볼 수 있고, 폐쇄는 해당 부동산의 과거 권리 상태를 모두 볼 수 있어요. 대출을 다 갚고 말소등기를 했다면 해당 채권의 근저당권은 지워집니다. 말소권리와 살아 있는 권리를 보려면 말소 사항을 포함해 발급받으면 됩니다.

이왕이면 해당 부동산에 대한 이력을 모두 살펴보기 위해 '현행+폐쇄'를 선택하는 편이 좋겠죠. '현행+폐쇄'를 선택한 다음 공동 담보, 전세 목록 항목까지 모두 체크하고 발급받으면 됩니다. 이렇게 하면 과거 이력을 포함해 모든 권리를 자세하게 볼 수 있어요.

부동산 이력이 복잡할수록 등기부등본도 복잡해집니다. 등기부등본은 분량이 3쪽 정도로 간결한 것도 있지만 10쪽이 넘어가는 것도 있어요. 이때 등기부등본을 보는 것이 익숙하지 않으면 어떤 것이 죽은 권리이고, 어떤 것이 지금 살아 있는 권리인지 헷갈리기 쉽습니

다. 바로 이때 유용하게 쓰이는 것이 요약표예요. 요약표란 현재 살아 있는 권리를 중심으로 표제부, 갑구, 을구에 대한 내용을 정리한 표입니다. 인터넷 등기소 화면에서 '요약표 출력'을 체크해야 한다는 것을 꼭 알아두세요.

등기부등본, 요령을 알고 보면 어렵지 않다

그럼 이제 등기부등본 보는 법을 알아볼까요? 등기부등본은 크게 표제부, 갑구, 을구 이렇게 세 부분으로 구분되어 있습니다.

▶ 표제부

해당 부동산을 요약·정리하는 부분으로, 집주소와 건물 내역이 나

등기사항전부증명서(말소사항 포함) - 집합건물

[집합건물] 광주광역시 광산구 장덕동 ████ ████████████████ ████ ███ ████

고유번호 ███-████-██████

【 표 제 부 】 (1동의 건물의 표시)				
표시번호	접 수	소재지번,건물명칭 및 번호	건 물 내 역	등기원인 및 기타사항
1	2011년7월25일	광주광역시 광산구 장덕동 ████ ███████████████ █ █████	철근콘크리트구조 (철근)콘크리트지붕 19층 아파트 1층 77.5727㎡ 2층 77.5727㎡ 3층 711.5133㎡ 4층 711.5133㎡ 5층 696.8033㎡ 6층 696.8033㎡ 7층 696.8033㎡ 8층 696.8033㎡ 9층 696.8033㎡ 10층 696.8033㎡ 11층 696.8033㎡ 12층 696.8033㎡ 13층 696.8033㎡ 14층 696.8033㎡ 15층 696.8033㎡ 16층 696.8033㎡ 17층 696.8033㎡ 18층 696.8033㎡ 19층 696.8033㎡	도면 ██████-████

와 있어요. 등기부등본에서는 아파트, 오피스텔, 빌라, 상가 등 소유권이 구분된 1동의 건물을 '집합건물'이라고 하는데, 표제부 옆에 '건물의 표시' 대신 '1동의 건물의 표시'라고 적혀 있습니다. 여기에는 1동 내에 속한 1층부터 전 층의 면적이 모두 표시됩니다.

집합건물은 등기부등본 한 장에 땅과 건물에 대한 내용이 모두 포함되어 있어요. 반면 집합건물이 아닌 단독주택 등은 땅에 대한 등기부등본과 건물에 대한 등기부등본이 따로 있습니다.

▶ 갑구

소유권에 관련된 내용이 나와 있는 부분입니다. 소유자 이름, 주소, 성별(주민등록번호 뒷자리)과 나이는 물론 언제 누구에게 얼마에 매매됐는지, 경매 개시 결정과 취하 여부, 가압류, 가등기, 가처분 등의 내용을 알 수 있습니다.

▶ 을구

을구에는 소유권을 제외한 내용이 있습니다. 특히 근저당권 설정 여부 등을 확인할 수 있어요. 앞서 설명했듯이 채권 순위가 빠를수록 담보에 대한 우선권을 지니기 때문에 순위 번호가 굉장히 중요합니다. 한편 붉은 선이 그어진 것은 말소된 등기라는 뜻입니다.

나는 1만 원으로 부동산 한다

등기부등본,
꼼꼼하게 톺아보기

등기부등본을 볼 때는 갑구와 을구의 내용을 통해 가압류, 압류, 근저당권, 질권 같은 권리관계를 꼭 살펴봐야 합니다. 이는 매매를 하든, 전월세로 거주하든, P2P 투자를 위해서든 모두 해당되는 사항입니다.

지금부터 예시로 사용할 등기부등본은 소위 깨끗한 등기부등본은 아닙니다. 빚을 갚지 못해 경매에 넘어갔다가, 다른 대출을 받아 경매를 취하한 이력이 있는 등기부등본이죠. 이런 복잡한 이력이 없고 권리관계가 단순한 것을 이용하면 설명하기는 편하겠지만, 실전에서 부동산 P2P 상품을 분석할 때는 큰 도움이 되지 않습니다. 투자 위험성이 낮은 상품은 등기부등본이 첨부되어 있지 않은 경우가 많거든요. P2P 상품에 첨부된 것은 대부분 경매와 관련 있는 것으로, 프로들이 투자하기 위해 판을 깔아둔 것이라 등기부등본이 복잡한 부동산이 대부분이에요. 이 사실을 염두에 두고 지금부터 하나하나 짚어볼게요. 오른쪽 페이지에 있는 등기부등본을 보며 차근차근 따라와보세요.

소유권자와 채권최고액부터 살핀다

갑구에서 순위 번호 1번과 2번을 살펴볼까요? 아파트를 공급한 건설회사가 2011년 7월 25일 소유권보존등기를 했습니다. 갑구 순위 번호 2번을 보면 2012년 3월 17일에 3억 6,743만 원에 조○○ 씨에게 매매되었고, 6개월 뒤인 9월 26일에 소유권이 이전된 것을 알 수 있어요(❶).

그런데 대개는 잔금을 치를 때 대출을 받죠? 그러니 이번에는 등기부등본에서 을구를 봐야 합니다. 순위 번호 1번에서 소유권이전등기일과 같은 날, 광주농협협동조합에서 채권최고액 2억 6,200만 원의 선순위근저당을 설정한 것을 볼 수 있습니다(❷).

또 88쪽에 있는 을구 2번 내용을 보면 2013년 6월 26일 광주농협협동조합에서 채권최고액 2,400만 원으로 후순위 추가 대출을 받았다고 나와요(❸). 여기서 조○○ 씨가 신용 등급이 좋지 않거나, 제1금융권의 한도를 초과하는 액수만큼 대출을 받기 위해 대출금리가 높은 제2금융권을 이용했고, 잔금을 치른 후에도 돈 문제가 생겼음

나는 1만 원으로 부동산 한다

(대지권의 목적인 토지의 표시)

표시번호	소 재 지 번	지 목	면 적	등기원인 및 기타사항
1	1. 광주광역시 광산구 장덕동 ▨▨▨	대	28832.8㎡	2011년7월25일

【 표   제   부 】 (전유부분의 건물의 표시)

표시번호	접 수	건물번호	건 물 내 역	등기원인 및 기타사항
1	2011년7월25일	▨▨▨ ▨▨▨▨▨	철근콘크리트구조 156.5054㎡	도면 ▨▨▨▨-▨▨▨▨

(대지권의 표시)

표시번호	대지권종류	대지권비율	등기원인 및 기타사항
1	1 소유권대지권	28832.8분의 80.64	2011년7월12일 대지권 2011년7월25일
2			별도등기 있음 1토지(갑구 6-1번 금지사항 부기등기) 2011년7월25일

【 갑   구 】 (소유권에 관한 사항)

순위번호	등 기 목 적	접 수	등 기 원 인	권 리 자 및 기 타 사 항
1	소유권보존	2011년7월25일 제144874호		소유자 ▨▨▨▨▨▨▨▨▨ ▨▨▨▨-▨▨▨▨▨▨▨ ▨▨▨▨ ▨▨▨▨ ▨▨▨▨ ▨ ▨▨▨-▨

순위번호	등 기 목 적	접 수	등 기 원 인	권 리 자 및 기 타 사 항
1-1	금지사항등기			이 주택은 부동산등기법에 따라 소유권보존등기를 마친 주택으로서 입주예정자의 동의를 얻지 아니하고는 양도 주택에 대하여 양도 또는 제한물권을 설정하거나 압류. 가압류. 가처분 등 소유권에 제한을 가하는 일체의 행위를 할 수 없음. 2011년7월25일 부가
2	소유권이전 ❶	2012년9월26일 제186126호	2012년3월17일 매매	소유자 조▨▨ 720805-******* ▨▨▨▨ ▨▨▨ ▨▨▨ ▨▨▨ ▨▨-▨▨ ▨▨▨ ▨▨▨▨▨ ▨▨▨▨▨▨▨▨▨▨ 거래가액 금367,430,000원
2-1	2번등기명의인표시변경	2013년8월26일 제172954호	2013년3월5일 전거	조▨▨의 주소 ▨▨▨▨▨ ▨▨▨ ▨▨▨▨▨▨ ▨▨-▨▨ ▨▨▨ ▨▨▨ ▨▨▨▨▨▨▨▨ ▨▨▨▨▨
3	1-1번금지사항등기말소			소유권이전기로 인하여 2012년9월26일 등기
4	강제경매개시결정	2013년10월18일 제207202호	2013년10월18일 광주지방법원의 강제경매개시결정(2013 타경27204)	채권자 ▨▨▨▨▨▨▨▨▨▨▨▨ ▨▨▨▨-▨▨▨▨▨▨ ❹ ▨▨▨ ▨▨▨ ▨▨▨▨▨
5	4번강제경매개시결정등기말소	2014년4월10일 제73680호	2014년4월8일 취하	
6	소유권이전청구권가등기	2014년5월20일 제101695호	2014년5월20일 매매예약	가등기권자 광▨▨ 740993-******* ▨▨▨ ▨▨▨ ▨▨▨ ▨▨▨▨ ▨▨▨-▨▨▨▨ ▨▨▨▨ ▨▨▨▨ ▨▨▨▨▨▨▨▨▨

[집합건물] 광주광역시 광산구 장덕동 〇〇〇〇 〇〇〇〇〇〇〇〇〇 〇〇〇 〇〇 〇〇〇〇 　　　　고유번호 〇〇〇〇-〇〇〇〇-〇〇〇〇〇〇

순위번호	등 기 목 적	접 수	등 기 원 인	권 리 자 및 기 타 사 항
7	임의경매개시결정	2014년10월30일 제236049호	2014년10월30일 광주지방법원의 임의경매개시결정(2014 타경25456)	채권자 서광새마을금고 200144-0002125 광주 북구 동문대로 19-1 (우산동)
8	6번가등기말소	2015년4월21일 제98403호	2015년4월21일 해제	
9	7번임의경매개시결정등기말소	2015년4월23일 제100325호	2015년4월21일 취하	
10	가압류	2015년6월3일 제136743호	2015년6월3일 광주지방법원의 가압류결정(2015카단204 가)	청구금액 금38,504,720 원 채권자 〇〇〇〇 〇〇〇〇〇 〇〇〇〇〇 〇〇〇〇〇-〇〇〇〇〇〇〇 〇〇〇〇 〇〇〇〇〇 〇〇-〇〇〇 〇〇〇〇〇 〇〇〇-〇〇
11	임의경매개시결정	2015년5월25일 제155686호	2015년5월25일 광주지방법원의 임의경매개시결정(2015 타경12266)	채권자 〇〇〇〇 〇〇〇〇〇 〇〇〇〇〇 〇〇〇 〇〇 〇〇〇〇 〇〇〇-〇〇〇 〇〇〇〇〇〇〇〇 〇〇〇〇〇〇〇
12	11번임의경매개시결정등기말소	2015년11월6일 제269213호	2015년11월5일 취하	
13	강제경매개시결정	2016년1월15일 제6151호	2016년1월14일 광주지방법원의 강제경매개시결정(2016 타경60233)	채권자 〇〇〇〇 〇〇〇〇〇 〇〇-〇〇 〇〇〇〇〇 〇〇〇〇〇 〇〇〇〇〇〇 〇〇〇-〇 〇〇〇〇〇 〇〇〇

열람일시 : 2018년04월28일 18시06분11초

4/9

[집합건물] 광주광역시 광산구 장덕동 〇〇〇〇 〇〇〇〇〇〇〇〇〇 〇〇〇 〇〇 〇〇〇〇 　　　　고유번호 〇〇〇〇-〇〇〇〇-〇〇〇〇〇〇

순위번호	등 기 목 적	접 수	등 기 원 인	권 리 자 및 기 타 사 항
14	13번강제경매개시결정등기말소	2016년8월3일 제138590호	2016년8월1일 취하	
15	임의경매개시결정	2016년8월16일 제146721호	2016년8월16일 광주지방법원의 임의경매개시결정(2016 타경14265)	채권자 〇〇〇〇 〇〇〇〇〇 〇〇〇 〇〇〇〇 〇〇-〇〇〇 〇〇〇〇〇〇 〇〇〇〇〇 〇〇〇〇〇〇〇〇 〇〇-〇〇〇〇〇
16	10번가압류등기말소	2017년1월17일 제10048호	2017년1월16일 해제	
17	15번임의경매개시결정등기말소	2017년1월18일 제10882호	2017년1월16일 취하	
18	임의경매개시결정	2017년11월7일 제189069호	2017년11월7일 광주지방법원의 임의경매개시결정(2017 타경17984)	채권자 광주서부새마을금고 200144-0002092 광주 북구 서림로 109-1 (임동)

【 　 을 　 구 　 】				(소유권 이외의 권리에 관한 사항)
순위번호	등 기 목 적	접 수	등 기 원 인	권 리 자 및 기 타 사 항
1	근저당권설정	2012년9월26일 제186127호	2012년9월26일 설정계약	채권최고액 금262,600,000원 ❷ 채무자 〇〇〇 〇〇〇〇〇 〇〇〇〇 〇〇〇〇 〇〇〇〇 〇〇〇〇-〇〇〇〇〇〇 〇〇〇-〇 〇〇〇〇〇〇 〇〇〇〇〇 근저당권자 광주농업협동조합 200136-0009754

열람일시 : 2018년04월28일 18시06분11초

5/9

나는 1만 원으로 부동산 한다

을 추측할 수 있습니다.

　다시 85쪽에 있는 갑구로 돌아가서 4번과 5번을 보면, 2013년 10월 18일에 희망모아유동화전문유한회사에 의해 강제경매가 개시되었음을 알 수 있어요. 그런데 6개월 정도 지나 2014년 4월 8일에 경매를 취하했어요(❹). 강제경매란 돌려받아야 할 채권이 있을 때 법원의 판결을 받아 경매를 집행하는 절차입니다. 부동산 담보권을 행사해 경매를 신청하는 임의경매와는 조금 다릅니다.

　어떻게 경매가 취하되었는지 살펴보겠습니다. 을구에서 3번, 4번, 4-1번 내용을 연달아 볼게요. 2014년 4월 8일 앞서 받은 대출 두 건에 대한 근저당권 말소등기가 신청됨과 동시에, 서방새마을금고에서 채권최고액 3억 6,400만 원의 근저당권을 설정한 것을 볼 수 있습니다(❺). 새로운 대출을 받아 이전 대출을 상환하는 대환대출을 통해 빚을 갚았고, 이 때문에 강제경매가 취하된 것이죠.

　어떤가요? 조금 복잡하긴 하지만 많이 어렵진 않죠? 이런 식으로 등기부등본의 갑구와 을구를 맞춰보면서 순차적으로 읽어나가는 훈련이 필요합니다.

권리관계가 복잡할수록 요약표를 살펴보자

권리관계가 복잡하고 말소 사항이 많을수록 등기부등본을 보기가 쉽지 않습니다. 뭐가 1순위 권리이고 후순위 권리인지, 어떤 것이 말소된 권리이고 살아 있는 권리인지 등을 이해하는 데 어려움을 겪는

순위번호	등 기 목 적	접 수	등 기 원 인	권 리 자 및 기 타 사 항
				광주광역시 북구 우산동 568-5 (매수농지분)
1-1	1번농지명의인표시변경		2011년10월31일 도시명주소	광주농업협동조합외 수수 광주광역시 북구 동문대로 1511(두암동) 2013년10월14일 부기
2	근저당권설정	2013년8월26일 제172955호	2013년8월26일 설정계약	채권최고액 금24,000,000원 ❸ 채무자 근저당권자 광주농업협동조합 200136-0000754 광주광역시 북구 우산동 568-5 (매수농지분)
3	1번근저당권설정, 2번근저당권설정 등기말소	2014년4월8일 제72668호	2014년4월8일 해지	
4	근저당권설정	2014년4월8일 제72670호	2014년4월8일 설정계약	채권최고액 금64,360,000원 ❺ 채무자 근저당권자 서광새마을금고 200144-0002125 광주광역시 북구 동문대로 19-1(우산동)
4-1	4번근저당권변경	2014년4월14일 제76091호	2014년4월11일 계약인수	채무자
5	근저당권설정	2015년4월21일	2015년4월21일	채권최고액 금120,000,000원

열람일시: 2018년04월28일 18시06분11초　　　　　　　　6/9

거죠. 이럴 때 요약표를 통해 전체 상황을 보면 이해하는 데 도움이 될 수 있어요.

오른쪽 페이지에는 이 부동산의 등기부등본 요약표가 나와 있어요. '소유지분현황(갑구)'을 보면 우여곡절을 겪긴 했으나, 여전히 조○○ 씨가 소유자이며 해당 아파트에 거주하고 있음을 알 수 있습니다(❻). '소유지분을 제외한 소유권에 관한 사항(갑구)'에는 2017년 11월 7일에 광주북부새마을금고에서 임의경매를 신청했다는 내용이 나오고요.

경매를 신청하면 실제 낙찰이 이루어지기까지 1년 정도의 시간이 소요됩니다. 만약 그 사이에 취하되지 않으면 이 아파트는 그대로 경

[집합건물] 광주광역시 광산구 장덕동 ░░░ ░░░░░░░░░░░░░░░░░░░░░░░░░░░ 고유번호 ░░░░-░░░░-░░░░░░

1. 소유지분현황 (갑구) ❻

등기명의인	(주민)등록번호	최종지분	주 소	순위번호
░░░ (소유자)	720805-*******	단독소유	광주광역시 광산구 ░░░░░░░░░░░░░░░░░ ░░░░░░░░░░░░░░░░░░░░░░░░	2

2. 소유지분을 제외한 소유권에 관한 사항 (갑구)

순위번호	등기목적	접수정보	주요등기사항	대상소유자
18	임의경매개시결정	2017년11월7일 제189669호	채권자 광주북부새마을금고 ❼	░░░

3. (근)저당권 및 전세권 등 (을구)

순위번호	등기목적	접수정보	주요등기사항	대상소유자
10	근저당권설정	2017년1월16일 제9250호	채권최고액 금454,000,000원 근저당권자 광주북부새마을금고	░░░
10-1	근저당권이전	2017년12월28일 제223189호	근저당권자 주식회사아라에이엠씨대부	░░░
10-3	질권	2018년1월9일 제4205호	채권액 금454,000,000원 채권자 제이비우리캐피탈주식회사	확인불가
10-3-1	질권경정		목적 10번근저당권부근질권	확인불가
11	근저당권설정	2017년1월16일 제9251호	채권최고액 금45,000,000원 근저당권자 ░░░░	░░░

1/2

출력일시 : 2018년04월28일 18시06분11초

매로 처분됩니다.

등기부등본 읽는 법, 알고 보니 어렵지 않죠? 이제 어떤 등기부등본이든 자신 있게 검토해보세요.

등기의 종류와 권리가 알고 싶어요

· 소유권보존등기

아파트를 분양한 건설회사가 실행하는 최초의 등기를 말합니다. 건설회사의 부도 혹은 비용상 문제가 없다면 입주 기간을 전후해 완료되는 것이 일반적이죠. 그러다가 아파트를 분양받는 사람이 나타나면 소유권이전등기를 통해 그 사람에게 권리가 넘어갑니다.

· 소유권이전등기

양도(매매), 상속, 증여 등으로 유상 또는 무상으로 부동산의 소유권이 이전되는 것을 의미합니다.

· 본등기

등기로서 완전한 효력을 지니는 보통의 등기를 본등기라고 해요.

· 말소등기

기존 등기 전부를 말소하는 것을 의미합니다. 이를 통해 등기사항이 법률적으로 소멸됩니다.

· 담보권

어떤 물건을 채권의 담보로 제공하는 것을 목적으로 하는 권리입니다.

· 저당권

채무자 또는 제3자(보증인)가 돈을 빌리면서 담보로 제공한 부동산 또는 부동산물권(지상권, 전세권)을 말해요.

나는 1만 원으로 부동산 한다

• **지상권**

타인의 토지에 있는 건물, 수목(나무)을 소유하기 위해 토지주가 함부로 철거할 수 없도록 하는 권리입니다. 지상권 역시 양도나 상속이 가능해요.

• **가압류**

채무자가 빚을 갚지 않을 때 채무자의 재산을 임시로 압류하는 것을 말합니다. 가재도구를 잡아두는 동산 가압류, 전세보증금, 월급 등을 잡아두는 채권 가압류, 집이나 땅 등을 잡아두는 부동산 가압류가 있어요.

• **가처분**

어떤 물건을 받을 권리가 있다고 주장할 때, 판결에 의해 확정될 때까지 그 물건이나 권리를 처분하지 못하도록 막는 법적인 조치를 의미합니다.

투자의 시작은
담보 시세 확인부터

정상적인 P2P 플랫폼이라면 모두 '대출 심사역'이라는 인력이 있습니다. 이들은 직접 현장을 돌며 대출자가 제시한 담보의 가치를 분석하고 판단하는 역할을 합니다. 즉 플랫폼이 게재하는 자료와 보고서는 인터넷에서 시세를 쓱 보고 작성된 것이 아니라는 말입니다.

심사역이 작성하는 자료에는 대출 상품에 관련된 자료가 상세히 담겨 있습니다. 대출 심사 과정에서 어떻게 담보의 가치를 측정했으며 권리관계는 어떤지, 담보 부동산이 어디에 위치하고 어떤 상태인지, 대출자가 원리금을 갚지 못할 경우 강제 회수할 방안은 무엇인지 등을 밝히는 것입니다.

그럼 이렇게 탄생한 다양한 상품 중 어느 것을 선택해야 할까요?

나는 1만 원으로 부동산 한다

사람마다 투자 성향이 다르겠지만 처음에는 안전한 상품을 선택해 수익을 얻은 뒤, 차차 고수익-고위험 상품으로 넘어가는 방식이 바람직합니다.

안전한 상품을 골라내기 위한 첫 번째 조건은 정확한 시세 측정입니다. 담보의 가치가 어느 정도인지 제대로 파악해야 하기 때문이죠. 그런 의미로 부동산 P2P 투자에서는 부동산 담보의 가치 측정이 투자의 첫 관문이 됩니다.

P2P 플랫폼은 대개 KB국민은행 시세, 국토교통부 실거래가, 감정 평가 기관의 감정가, 네이버 부동산 호가, 인근 중개업소 탐방 등 여러 경로를 활용합니다. 그중 국토교통부 실거래가는 매매계약 체결일 기준 시세예요. 플랫폼이 내건 상품 공시에 기재된 시세를 한번 더 확인한다는 개념으로 접근하는 것을 추천합니다. 또 아파트냐 다세대주택이냐 토지냐에 따라 시세 확인법이 다르니 최대한 정확하게 시세가 반영되는 채널을 찾아야 합니다.

▶ 아파트

온라인으로 시세를 확인하기 가장 쉬운 부동산입니다. KB국민은행 시세, 국토교통부 실거래가, 네이버 부동산 호가를 살펴봐도 좋고, 인근 중개업소에 물어봐도 비교적 정확하게 확인할 수 있어요. 참고로 KB국민은행 시세에서는 아파트 가격만 확인할 수 있습니다. 특히 은행 대출 금액을 결정할 때 주로 활용되는 시세라는 점에서 담보가 아파트라면 가장 먼저 이곳에 들어가 확인해봐야 합니다.

▶ 다세대, 다가구, 단독, 연립

이 유형의 주택은 아파트에 비하면 거래가 드문 편입니다. 아파트에 비하면 시세를 파악하기 쉽지 않은데, 마찬가지로 국토교통부 실거래가, 네이버 부동산 호가, 인근 중개업소 등을 통해 확인할 수 있습니다.

그중에서도 근처 중개업소를 통해 확인하는 것이 정확도가 가장 높은데, 이때 한 가지 요령이 있어요. 매물이 많지 않을 때는 매도자가 부르는 가격이 시세로 오인될 가능성이 있습니다. 따라서 입지나 연식, 면적 등에서 담보물과 조건이 비슷한 주택의 시세를 함께 확인해야 보다 정확한 시세를 알 수 있습니다.

> **TIP**
>
> **서울에 위치한다면**
> 담보물 부동산이 서울에 있다면 서울부동산정보광장 사이트(land.seoul.go.kr)도 이용할 수 있다. 해당 동 주소, 번지수 등을 입력하면 다가구나 빌라의 매매가격, 전월세가격 등 해당 번지 내에서 거래된 내역을 모두 볼 수 있어 유용하다.
>
> **경기도에 위치한다면**
> 경기도부동산포털 사이트(gris.gg.go.kr)를 활용한다. 서울부동산정보광장 사이트와 유사한 기능을 제공한다.

▶ 토지

국토교통부 실거래가, 밸류맵(www.valueupmap.com), 공시지가, 인근 중개업소 등을 통해 확인할 수 있습니다. 특히 밸류맵에서는 전국 토지와 건물 시세를 살펴볼 수 있어요. 공시지가는 국토교통부에서 매년 1월 1일에 공시하는 토지의 단위면적당(m^2) 가격으로, 과세기준 (과표기준)으로 활용됩니다. 부동산공시가격알리미(www.realtyprice. kr:447)에서도 확인할 수 있는데, 공시지가와 실거래가의 차이가 크기 때문에 참고하는 정도로 활용하는 것이 좋습니다.

사실 부동산 투자에서 토지는 고수들이 투자하는 대상이라고 합니다. 실제로 토지는 주변이 개발되어 그 자리에 뭐가 들어설지 알수 있는 도시 지역을 제외하고는 시세를 확인하기가 어렵거든요. 용도, 면적, 주변 토지와의 경계면 모양, 개발 계획 유무 등 변수가 너무 많기 때문이죠.

그 때문에 토지는 현지 중개업소에서 확인한 주변의 다른 토지 가격과 비교하거나, 감정가로 가치를 측정하는 경우가 많습니다. P2P 투자자 역시 상품 공시에 첨부된 감정평가 기관의 감정가에 의존할수밖에 없고요.

우리나라에서는 '토지는 기다리면 다시 오른다'라는 인식이 강합니다. 그럼에도 경매 시장에서는 토지가 가치의 반값에 낙찰되는 경우가 종종 있어요. 이를 고려해 담보인 토지가 감정가 기준 LTV 비율이 50% 이하일 때 투자하는 것이 안전합니다.

▶ 상가
상가 또한 시세를 파악하기 어려운 대상입니다. 상권, 입지, 층수, 전면의 넓이, 가시성, 유동 인구, 입점한 업종 등에 따라 영향을 받거든요. 심지어 상가 전면이 노출됐는지 여부에 따라 가격이 1억~2억 원씩 차이 나는 경우도 있습니다.

상가 시세는 국토교통부실거래가, 밸류맵, 현지 중개업소를 이용해 알아보되 인근의 유사한 상가를 참고하세요. 이때 매매 시세는 물론 임대료도 함께 파악해야 하는데, 임대료를 이용해 적정 가치를 환산하기 위해서입니다. 중개업소에 들러 상가 점포를 임대해서 사용할 것처럼 물어봐야 정확한 임대료 수준을 파악할 수 있어요.

참고로 임대료를 이용한 수익형 부동산 가치 계산법은 '(연 수익 ÷ 수익률) + 보증금 = 매매가'입니다. 임대가격이 높을수록 상가 매매가격이 높아지겠죠? 보증금 3,000만 원에 월세 100만 원인 상가가 있다고 예를 들어볼게요. 연 6% 정도 수익이 나오는 상가라면,

(1,200만 원÷6%) + 3,000만 원 = 2억 3,000만 원

입니다. 이외에 오피스텔, 아파트 분양권과 입주권 등의 시세는 국토교통부실거래가나 네이버 부동산 시세 등을 통해 확인할 수 있습니다.

업·다운 계약서에 속지 말자!

'업 계약서'는 실제 거래한 금액보다 높은 금액으로 거래한 것처럼 작성한 계약서입니다. 매수자가 자신이 미래에 납부하는 양도소득

나는 1만 원으로 부동산 한다

세를 낮추려고 이런 방법을 쓰는 거죠. 반대로 '다운 계약서'는 실제 거래한 금액보다 낮은 금액으로 거래한 것처럼 작성한 계약서입니다. 매도자가 현재의 양도세를 낮추려는 의도에서 다운 계약서를 작성해요.

업·다운 계약서는 시세가 거의 오픈되어 있다시피 한 아파트에서는 찾아보기 어렵지만 빌라나 다가구주택, 토지, 아파트 분양권 등에서는 간간이 볼 수 있습니다. 거래가 뜸한 데다 면적, 평면구조 등이 제각각이어서 일률적인 시세 파악이 어렵다는 허점을 이용하는 거죠.

바로 이런 이유에서 이제 막 부동산 P2P 투자를 시작하는 단계라면 아파트를 담보로 한 상품에 투자하는 것이 좋습니다. 시세도 파악하기 쉽고, 수요자가 많아 부실이 발생하더라도 원리금 회수가 쉽다는 장점이 있으니까요. 그 뒤 점차 대상을 늘려가면서 다양한 담보물을 접하는 것이 좋습니다.

주택의 종류, 어떻게 구분할까?

• 다세대주택

한 건물에 다수 세대가 거주할 수 있는 주택으로, 호수마다 소유주가 다른 공동주택을 말합니다. 세대별로 별도 등기가 되어 있어서 호수별로 매매나 분양이 가능하죠. 또 1개 동의 주택으로 쓰는 바닥 면적의 합이 660㎡(200평) 이하, 4층 이하의 건물이어야 합니다. 1층을 필로티로 만들어 경비실이나 주차장으로 사용하면 바닥 면적에 포함되지 않아 총 5층까지 지을 수 있습니다.

• 다가구주택

1개 동의 주택으로 쓰는 바닥 면적의 합이 660㎡ 이하면서 3층 이하인 건물을 가리킵니다. 다세대주택과의 차이점은 건물 자체가 한 사람의 소유라는 점입니다. 그래서 다가구주택은 건축법상 단독주택으로 분류합니다.

• 연립주택

다세대주택과 유사한 개념이지만 건물의 연면적이 660㎡를 초과하면 연립주택으로 분류됩니다. 조금 큰 다세대주택이라고 생각하면 되겠죠. 총 19세대 이하로 구성되고요. 흔히 다세대주택과 연립주택을 통칭해 '빌라'라는 단어를 사용하지만, 정확한 표현은 아니랍니다.

• 아파트

아파트는 가구 수와 연면적 제한이 없지만 20세대 이상일 경우 지자체의 승인을 받아야 합니다. 또 전체 층수가 5개 층 이상이어야 합니다.

공시지가와 기준시가의 차이가 궁금해요!

• 공시지가

공시지가에는 국토교통부 장관이 발표하는 '표준지공시지가'와 시·군·구에서 이를 기준으로 발표하는 '개별공시지가'가 있습니다. 표준지공시지가는 일정한 지역에서 어떤 토지를 일종의 표본으로 선정해 가격을 측정한 것을 말해요. 개별공시지가는 이 표준공시지가를 기준으로 삼고 개별 필지별로 발표하는 가격을 말하고요.

국세청 기준시가가 공동주택을 대상으로 한 것이라면, 공시지가는 토지를 대상으로 삼은 국세청 기준시가입니다. 양도소득세, 상속세, 증여세 등 토지에 관련된 다양한 세금을 정할 때 과세 기준이 됩니다. 만약 도로가 지나간다면 어느 정도 보상해야 할지 판단하는 기준이 되기도 해요.

• 기준시가

아파트나 연립주택 등 공동주택을 대상으로 양도소득세나 상속세, 증여세 등을 매기는 기준으로 삼기 위해 국세청이 내세우는 지표입니다. 국세청에서는 매년 공동주택을 대상으로 기준시가를 발표하는데, 이때 토지와 건물을 구분하지 않고 한꺼번에 산정해 고시해요. 그러니까 어떤 아파트의 기준시가가 1억 원이라면 그 금액에 토지와 건물의 가치가 모두 포함돼 있다는 뜻입니다.

공시지가의 경우 땅을 거래할 때 정해져 있는 가격을 말하지만, 기준시가는 건물에 대한 가격으로, 주로 양도소득세, 상속세, 증여세 등의 기준이 됩니다.

• 과세시가표준액

취득세, 등록세, 재산세, 종합토지세 등 지방세를 부과하는 기준이 되는 토지와 건물의 가격을 말해요. 흔히 '과표'라고도 하죠. 과세시가표준액은 지방자치단체에서 미리 정해놓기 때문에 해마다 금액이 바뀔 수 있습니다.

담보 가치,
이렇게 판단하자

"저는 P2P 초보자인데 담보 가치를 따져야 하나요?"

이렇게 물으시는 분이 있는데, 당연히 똑똑하게 따져봐야 합니다! 예컨대 서울 강남에 있는 아파트의 후순위 대출 상품과 지방 중소 도시의 변두리에 있는 다세대 선순위 대출 상품 중 어느 쪽 가치가 더 높을까요? 시세보다 조금만 싸도 사겠다는 사람이 넘치는 강남의 아파트겠죠? 마찬가지로 같은 1순위 담보대출이라 해도 아파트와 상가의 가치가 다를 거예요.

시세 확인 후에는 대출 비율을 확인한다

"P2P 플랫폼이 대출해줄 때 은행처럼 DTI는 반영하지 않나요?"

"네, LTV 비율만 살펴봅니다."

소득 대비 대출 원리금이 어느 정도인지 따져보는 것이 DTI 비율입니다. 그런데 DTI는 은행에서는 중요하게 여기는 지표이지만 P2P 대출에서는 사실상 의미가 없어요. 담보 가치가 더 중요하거든요.

그 때문에 P2P 플랫폼은 담보 가치가 떨어지지 않는 수준에서 돈을 빌려줍니다. 그래서 P2P 플랫폼의 대출 한도는 대개 LTV 80% 또는 LTV 85%까지입니다. 부동산 가격이 1억 원일 때 최대 8,000만 원이나 8,500만 원까지만 대출이 가능하다는 뜻이에요. LTV 비율이 낮을수록 시세 대비 대출금이 적다는 뜻이므로 '담보 가치가 높다' 혹은 '담보력이 좋다'라고 말할 수 있어요.

이렇게 물어보는 분이 있습니다.

"대출받아 구입한 아파트에 세입자가 살고 있다면 이때는 LTV를 어떻게 봐야 하나요?"

은행은 대출을 실행할 때 세입자 존재 유무를 확인합니다. 세입자가 있으면 대출 가능 액수에서 보증금만큼 제외합니다. 따라서 세입자가 있으면 대출을 못 받을 수도 있는데, 이는 P2P 대출에서도 마찬가지입니다. 심사 과정에서 세입자가 있는지 여부를 정확히 파악하고 대출 가능한 금액을 계산합니다.

대출자가 돈을 갚지 못하면 플랫폼은 어떻게 할까?

플랫폼에서 투자자들에게 자금을 모집해 A씨에게 돈을 빌려줬는데,

나는 1만 원으로 부동산 한다

A씨의 자금 사정에 문제가 생겨 돈을 갚지 못하게 되었다고 예를 들어볼게요. 이제 플랫폼은 원리금 강제 상환 방법에 대해 아래와 같이 공시합니다.

1. 리파이낸싱(refinancing) : 대환대출로 원리금 상환
2. 채권 매각(NPL) : NPL 매입회사에 채권을 매각해 원리금 상환
3. 법원 경매 : 경매 신청 후 낙찰대금으로 원리금 상환

대환대출이란 다시 담보대출을 받도록 해서 그 돈으로 상환하는 것을 말합니다. 채권 매각(NPL)은 부실화된 담보를 매입 전문회사에 팔아버리는 방법입니다. P2P 플랫폼이 직접 경매를 진행하는 경우보다 빠르게 원리금을 회수할 수 있어요. 이 부분은 뒤에서 다시 자세하게 공부하게 될 거예요.

플랫폼 중에는 원리금을 회수하기 위해 두 가지 방법만 사용하는 곳도 있고, 세 가지 방법 모두 사용하는 곳도 있습니다. 이처럼 문제가 생겼을 때 손실 없이 원리금을 회수하고 빠져나갈 수 있다는 의미로 '출구 전략'이라고도 해요. 플랫폼에 따라 '엑시트(exit)나 '회수 전략'이라고 표현하기도 합니다.

경매에 넘기면 빌려준 내 돈을 찾아올 수 있다?

원리금을 회수하는 세 번째 방법은 담보 부동산을 경매에 넘기는 것

입니다. 이 말을 들으면 "저는 경매를 1도 모르는데요"라며 걱정하는 분도 있을 겁니다. 하지만 계산하는 요령이 있으니 경매를 잘 몰라도 괜찮습니다. 10원짜리까지 딱 떨어지도록 정확하게 맞히기는 어렵지만, 대략 어느 정도 선에서 낙찰될지 가늠해볼 수는 있거든요.

법원 경매정보(www.courtauction.go.kr) 홈페이지에서 '매각통계 → 용도별매각통계' 순으로 들어가 '매각가율'을 살펴보면 가능합니다. 예를 들어보겠습니다. 매각가율이 95%인 지역에 있는 감정가 5억 원짜리 아파트의 예상 낙찰가격은 얼마나 될까요?

> **TIP**
>
> **매각가율**
> 그 지역 내에서 경매에 넘겨진 부동산이 시세 대비 어느 정도 가격으로 낙찰되었다는 평균 낙찰가액을 계산해놓은 것.

예상 낙찰가격 = 담보 부동산의 시세 × 매각가율

위 공식에 따르면 이 아파트의 예상 낙찰가격은 5억 원×95%= 4억 7,500만 원입니다. 예상 낙찰가격이 산출되면 대출자에게 빌려준 돈보다 큰 액수인지 적은 액수인지 따져볼 수 있어요.

대체로 수도권 아파트의 매각가율이 지방 아파트보다 높은 편입니다. 초보 단계에서 수도권에 위치한 아파트 상품에 투자하라는 이유는 바로 이 때문이죠. 매각가율이 높다는 것은 시세가 조금만 낮아져도 사겠다는 사람이 많다는 뜻입니다. 그러니 문제가 생기면 담보를 경매 시장에 넘겨 원리금을 회수하기도 쉬워집니다.

나는 1만 원으로 부동산 한다

이때 매각가율은 고정된 수치가 아닙니다. 부동산 경기가 나쁘면 수치가 낮아지고, 부동산 경기가 좋으면 올라가죠. 그러다 보니 아무리 최근 수치를 활용해도 일정한 시차가 존재할 수 있어요.

"그 사이에 시세가 급락하면 손해를 볼 수도 있는 것 아닌가요?"

틀린 말은 아닙니다. 하지만 대부분 P2P 플랫폼들은 경매까지 가기 전에 채권을 매각해 원리금을 상환합니다.

앞에서 연체가 발생하면 투자자들은 연체이자를 받을 수 있다고 했습니다. 그렇지만 어디까지나 '연체' 상황에서 그런 것일 뿐, 심각한 부실이 발생했을 때 '이야, 연체이자까지 받게 되니 정말 좋구나!'라고 생각하지는 않습니다. 그 때문에 P2P 플랫폼은 부실화된 담보는 최대한 빠르게 팔아버립니다. 현재 시세로 매각해 원리금을 회수하는 대신, 경매까지 가는 동안 담보 가치가 떨어질 가능성은 그 부실채권을 산 사람에게 넘어가는 구조입니다.

담보 가치는 최대한 보수적으로 잡는다

P2P 대출에서는 상품에 따라 LTV를 적용하는 기준이 다릅니다. 기준을 분양가로 할지, 감정평가액으로 할지, 거래가격으로 할지 등 다양하죠. 게다가 이들 모두가 안전장치를 달고 있는 완벽한 기준도 아닙니다. 그나마 가장 확실한 기준인 거래가격도 시세가 변하면, 거기에 맞춰 LTV가 달라집니다. 담보가격이 상승한다면 상관없지만, 하락한다면 담보 가치가 같이 낮아져 원리금 회수에 차질이 생길 수

있어요.

'깡통대출'이라는 말 들어보셨나요? 경기도 용인 등지에서 부동산 가격이 높을 때 그 시세에 맞춰 대출이 실행됐지만, 이후 중·대형 아파트 시세가 40~50%가량 급락하면서 대출 금액이 시세와 비슷해진 거죠.

결론적으로 부동산 P2P 상품에 투자할 때는 보수적인 관점에서 시세를 따져보는 것이 안전합니다. 담보 가치를 최대한 낮게 잡고 발생 가능한 모든 변수를 포함해 판단하는 것이 바람직합니다. 그래야 손해 없이 원리금을 회수할 수 있어요.

세 가지 열쇠로
담보 안전성 예측하기

어떤 상품에 투자할지 말지 결정하기 어려운 이유는, 확신이 없거나 잘 모르기 때문입니다. 하지만 앞서 살펴본 몇 가지 사실을 기억하고 찬찬히 따져보면 혼자서도 얼마든지 올바른 선택을 할 수 있어요.

투자해도 될 만큼 안전한 상품인지 알아보려면 크게 세 가지가 필요합니다. 시세가 합당한지 확인하고, LTV 한도를 따져보고, 경매 낙찰가격을 예상하는 것입니다.

사례 1 : 10억 원짜리 아파트, 투자할까 말까?

2018년 1월, 서울 강남에서 시세 10억 원인 아파트를 담보로 잡고 연 12%의 금리로 6개월간 3억 8,000만 원을 빌리겠다는 상품이 올라왔습니다. 이 아파트에는 이미 선순위의 은행 대출이 4억 원 있는 상태이고요.

어떤 상품이든 공시 내용을 보면 그 상품의 담보에 적용할 LTV가 적혀 있습니다. 하지만 공시 자료에 기재된 시세가 약간 다를 경우도 있어 LTV도 직접 계산해보는 것이 좋아요. LTV를 산출하는 공식은 다음과 같습니다.

LTV=(대출 원금÷시세)×100%

앞서 설명했듯 은행과 저축은행은 대출 원금의 120%, P2P 플랫폼은 130%를 채권최고액으로 설정합니다. 그럼 은행과 P2P 플랫폼의 채권최고액은 각각 얼마인지 계산해볼까요?

1순위 대출(은행) : 대출 원금 4억 원

LTV=(4억 원÷10억 원)×100%=40%

채권최고액=4억 원×120%=4억 8,000만 원

2순위 대출(P2P) : 대출 원금 3억 8,000만 원

LTV=(3억 8,000만 원÷10억 원)×100%=38%

채권최고액=3억 8,000만 원×130%=4억 9,400만 원

따라서 선순위 대출과 후순위 대출의 원금 합계는 총 7억 8,000만

원이고, 채권최고액 합계는 총 9억 7,400만 원이 됩니다. 참고로 은행에서 주택을 담보로 받을 수 있는 대출 총액은 지역마다 다릅니다.

이제 이 담보물의 경매 낙찰가격을 예상해봐야겠죠? 강남 지역의 경매 물건은 서울남부지방법원에서 관장합니다. 법원 경매지원 홈페이지에 들어가 서울남부지방법원을 찾아도 되고, 아파트 소재지를 이용해 '서울특별시/강남구'로 찾아도 됩니다. 이제 최근 1년 내의 경매 낙찰가율을 살펴봐야 해요. 2017년의 아파트 매각가율은 98.4%였습니다.

이 아파트가 경매에 넘겨질 경우, 예상 낙찰가격은 9억 8,400만 원(=10억 원×98.4%)으로 예상할 수 있습니다. 이제 이 금액을 채권최고액 합계와 맞춰보겠습니다. 앞서 계산해놓은 1순위 대출과 2순위 대출의 채권최고액 합계인 9억 7,400만 원보다 예상 낙찰가격이 더

높은 것을 알 수 있어요.

▶ 만약 9억 8,400만 원에 낙찰된다면,

→1순위 채권자인 은행은 채권최고액인 4억 8,000만 원을 모두 회수할 수 있다.

→남은 배당금은 5억 400만 원인데, 이 금액은 2순위 채권최고액 4억 9,400만 원보다 많다.

따라서 2순위 채권자인 P2P 플랫폼도 원리금을 모두 회수할 수 있다.

▶ 결론 : 이 상품은 투자해도 괜찮은 상품이다

"낙찰되면 경매 비용, 당해세(국세 등 밀린 세금) 등 최우선 변제금이 있지 않나요?"

물론 있습니다. 하지만 대부분은 큰 금액이 아닌 데다, 대출 심사 과정에서 이를 확인한 뒤 대출 한도를 정하니 걱정할 것은 없어요.

사례 2 : 3억 원짜리 다세대주택, 투자할까 말까?

2018년 1월, 서울 양천구 소재 3억 원짜리 다세대주택을 담보로 1억 9,500만 원을 4개월간 연 13%에 빌려주는 상품이 공시됐습니다. 앞에서 투자해도 괜찮은 상품인지 따져보려면 세 가지를 기억해야 한다고 했죠?

나는 1만 원으로 부동산 한다

1. 시세가 제대로 평가되고 있는지 확인한다

2. LTV 비율과 채권최고액을 살펴본다

→ LTV=(1억 9,500만÷3억 원)×100%=65%

→ 채권최고액=1억 9,500만 원×130%=2억 5,350만 원

3. 매각가율과 예상 낙찰가격을 살펴본다

→ 2017년 양천구 다세대주택 매각가율 89.6%

→ 예상 낙찰가격=3억 원×매각가율 89.6%=2억 6,880만 원

▶ 결론 : 이 상품은 투자해도 되는 상품이다

경매 예상 낙찰가격이 2억 6,880만 원인 데 비해 채권최고액은 2억 5,350만 원이므로, 이 상품은 안전성을 갖춘 상품으로 판단할 수 있습니다.

이처럼 등기부등본에 있는 채권최고액과 온라인에 있는 매각가율을 활용하면 어렵지 않게 계산할 수 있습니다.

통계의 함정에 빠지지 말자

통계를 낼 때 하나는 50%이고 다른 2개는 95%라고 하면, 둘의 평균은 80%입니다. 50%도 평균과 차이가 크고, 95%도 평균과 차이가 크죠. 이처럼 통계가 현실을 제대로 반영하지 못하는 상황을 가리켜 '통계의 함정'이라고 합니다.

매각가율을 대할 때는 통계의 함정에 빠질 가능성을 고려해야 합니다. 아파트처럼 가격이 조금만 떨어지면 사려는 사람이 줄 서 있는 경우에는 통계치가 비교적 잘 들어맞습니다. 하지만 수요가 들쭉날쭉한 토지 등은 잘 맞지 않을 수도 있어요. 담보마다 지닌 이런 특성을 감안해야지, 통계를 맹신해서는 결코 안 된다는 점을 꼭 기억해두세요.

나는 1만 원으로 부동산 한다

수익률만큼 중요한
원리금 상환 여부

P2P 플랫폼에서는 상품이 오픈되기 대략 1~4일 전부터 상품에 대해 알립니다. 몇 월 며칠 몇 시부터 투자자를 모집하는지 사전에 공지하는데, 담보나 수익률이 괜찮은 상품이라면 투자자를 모집한 지 몇 분 만에 마감되기도 해요(가끔 학창 시절에 겪은 수강 신청 전쟁 같다는 생각이 듭니다).

순식간에 투자자가 몰려 마감되면 속이 상하기도 합니다. 남들은 제때 접속해 투자만 잘하는데 나만 뒤처지는 느낌이죠. 그렇게 조급함이 쌓이다 보면 자칫 상품 분석보다 투자 신청 자체에 급급해하는 경우도 있습니다. 분명히 말씀드리지만, 상품은 계속 출시됩니다. 몇 번 놓치더라도 속상해하거나 조바심을 낼 필요가 없어요. 그보다 훨씬 중요한 것은 정확한 상품 분석입니다.

LTV가 높을수록 손실 가능성은 커진다!

107쪽의 사례 1을 다시 살펴보겠습니다. 서울 강남에서 시세 10억 원인 아파트를 담보로 잡고 연 12%의 금리로 6개월간 3억 8,000만 원을 빌리겠다는 상품이 올라왔습니다. 이 아파트에는 이미 선순위 은행 대출이 4억 원 있습니다.

만약 이 상품을 다른 조건은 모두 같지만 LTV는 85%를 꽉 채워 대출이 실행되는 것으로 바꾸면 어떻게 될까요? LTV 비율이 높아지면 담보력이 낮아지기 때문에 대출금리는 그만큼 높아집니다.

이때 대출자가 6개월 동안 예상 수익률로 연 12%가 아닌 연 15%를 제시한다면, 이 상품에 투자해도 될까요? 일단 공식에 따라 LTV 와 채권최고액은 다음과 같습니다.

1순위 대출(은행) : LTV=(4억 원÷10억 원)×100%=40%

채권최고액=4억 원×120%=4억 8,000만 원

2순위 대출(P2P) : 총 LTV 85%를 적용할 때,

1순위 LTV=40%이므로

2순위 LTV=45%

채권최고액=4억 5,000만 원×130%=5억 8,500만 원

　　　　　나는 1만 원으로 부동산 한다

1순위 대출과 2순위 대출의 대출 원금은 총 8억 5,000만 원이고 채권최고액 합계는 총 10억 6,500만 원입니다. 매각가율은 98.4%로 같기 때문에 경매로 처해질 때의 예상 낙찰가격 역시 9억 8,400만 원으로 동일합니다. 그런데 이 금액은 1순위와 2순위 대출 원금보다는 많지만, 채권최고액의 합인 10억 6,500만 원보다는 적습니다.

▶ 9억 8,400만 원에 낙찰된다면

은행 연체이자율이 10%라고 가정하면, 은행이 받는 연체이자는 4억 원×10%=4,000만 원입니다(통상적으로 시중은행의 연체이자율은 10% 이상이었으나, 2018년 4월 30일부로 연체이자율 상한선이 3%로 정책이 바뀌었습니다. 여기서는 과거의 사례를 예로 든 것이기에 연체이자율을 10%로 상정하고 계산합니다). 경매가 끝난 후 은행이 받을 수 있는 배당금은 채권최고액 4억 원에 연체이자를 더한 4억 4,000만 원이 되겠죠. 총 낙찰가액 9억 8,400만 원에서 은행이 가져간 배당금을 제하면 5억 4,400만 원이 남습니다.

이번에는 P2P 플랫폼의 배당금을 계산할 차례입니다. P2P 플랫폼은 보통 법정최고금리인 24%를 연체이자로 받습니다. 따라서 연체이자=4억 5,000만×24%=1억 800만 원이 되겠죠. P2P 플랫폼이 법원에서 배당받는 원금과 연체이자는 채권최고액 4억 5,000만 원에 연체이자 1억 800만 원을 합한 5억 5,800만 원입니다. 결국 P2P 투자자들은 1,400만 원 손실을 입게 됩니다.

▶ **결론**

경매로 넘어갈 경우 은행과 P2P 플랫폼 모두 대출 원금은 회수할 수 있지만, 이자는 일부 받지 못할 수도 있습니다.

이 사례에서 원리금 상환이 순조롭다면 예상 수익률은 연 3% 포인트나 더 높아지지만, 부실이 발생할 경우에는 이자 수익을 온전히 받을 수 없게 됩니다. 어떤 상품이 이자는커녕 원금도 회수하지 못할 가능성이 있다면 그 상품에는 당연히 투자하지 말아야 합니다. 어떤 상품이든 부실이 발생할지 여부는 미리 알 수 없습니다. 따라서 원리금을 어느 정도 회수할 수 있는지 철저하게 따져보고 투자 여부를 판단하는 것이 바람직합니다.

나는 1만 원으로 부동산 한다

상품 공시
똑똑하게 살펴보는 법

P2P 플랫폼 홈페이지에 들어가면 현재 투자자를 모집하고 있거나 모집 예정인 상품, 이미 마감된 상품을 한눈에 볼 수 있습니다. 개별 상품을 클릭하면 상품 공시가 나옵니다. 상품 공시는 자세한 설명이 담긴 일종의 상품 안내서라고 보면 됩니다.

그런데 투자자 중에는 상품 공시에서 수익률 정도만 살펴볼 뿐, 다른 부분은 제대로 읽지 않는 분이 많습니다. 플랫폼에서 알아서 선별했으려니 생각하고 넘어가버리죠.

'지피기지 백전불태(知彼知己 百戰不殆)'라는 말이 있어요. '상대를 알고 나를 알면 백 번 싸워도 위태롭지 않다'라는 뜻입니다. 성공적인 P2P 투자는 상품 공시를 제대로 파악하는 데서 시작한다고 해도 과언이 아닙니다. 그러니 반드시 공시 내용을 꼼꼼히 읽어보고 상품 구조가 이해될 때만 투자해야 해요!

　읽어도 이해가 잘 안 된다면 플랫폼에 전화를 걸거나 메일을 보내서라도 문의해야 합니다. 투자자가 플랫폼에 괜히 수수료를 지불하는 것이 아니거든요. 만약 플랫폼에서 상품에 대해 제대로 설명하지 않는다는 생각이 들면 그 상품에는 투자하지 않는 것이 좋습니다.

상품 공시, 세 가지를 주목하자

보통 서울에 위치한 아파트나 빌라 등 주거용 건물의 선순위 담보대출 상품은 안전하다는 인식이 강합니다. 하지만 모두가 그런 것은 아니에요. 2018년 1월 초에 마감된 P2P 플랫폼의 빌라 선순위 담보 상품을 살펴보면서 그 이유를 알아보겠습니다. 귀찮다고 넘어가지 말고 먼저 아래 공시 내용을 찬찬히 읽어보세요.

〈상품 분석〉 □□펀딩 제25차 서울 용산구 △△동 ☆☆빌라 담보대출

[담보 정보]

담보 위치	서울 용산구 △△동 0가 000-000 ☆☆빌라
면적/평형	전유면적 93.82㎡ / 대지면적 65.88㎡(28평형)
담보 시세	감정평가액 5억 원

[투자 정보]

투자 상품   1순위 부동산 담보채권

모집 금액   총 3억 5,000만 원

연 수익률   9%

투자 기간   6개월

자금 용도   퇴거 자금

상환 예정   ○○○○년 ○○월 ○○일

(대출 실행일이 지연될 경우 만기 변동 가능)

상환 방식   매월 이자 지급 후 원금은 만기 일시 상환

❶ (일부 또는 전액 중도 상환 가능)

단. 매월 25일~말일에 대출 실행된 상품의 첫 수익금은 다
다음 달 첫 영업일에 지급

담보 설정   1 순위 근저당권 설정

상환 정책   1. 차주 자본 상환 : 대출자가 보유한 자금으로 원리금을 상
환합니다.

2. 리파이낸싱 : □□펀딩 또는 타 금융기관 대환대출로 원리
금을 상환합니다.

3. 채권 매각(NPL) : NPL 매입업체에 채권을 매각해 원리금
을 상환합니다.

4. 법원 경매 : 경매 신청 후 낙찰 대금으로 원리금을 상환합
니다.

[담보평가]

5억 원(LTV 70%)

표현이 딱딱하다 보니 어렵다고 겁먹는 분도 있을 텐데, 하나하나 뜯어보면 어려울 것이 없습니다.

먼저 ❶ 부분을 볼까요? '원금 일시 상환' 방식은 매월 수익금, 그러니까 이자만 받고 원금은 상환할 때 한 번에 돌려받는 것을 말합니다. P2P 플랫폼마다 수익금 지급일이 다른데, 위 상품을 기획한 플랫폼은 매달 첫 영업일에 수익금을 지급한다고 되어 있어요. 매월 25일~말일에 대출이 실행됐을 경우, 수익금을 다음 달이 아닌 다다음 달에 지급한다는 내용도 있습니다. 이때 수익금은 전체 수익금을 전체 일수로 나누는 '일할 계산' 방식을 적용하기 때문에 대출 실행일은 큰 상관이 없다고 봐도 무방합니다.

한편 ❷에서 집합건물이란 아파트, 오피스텔, 빌라, 상가 등 소유권이 구분된 1동의 건물을 말해요.

상품 공시 형식은 플랫폼마다 차이가 있지만 대부분 비슷합니다. 실제 상품 공시에는 수익금 지급 일정, 현장 사진, 담보 위치를 알려

주는 지도 서비스 등이 있습니다. 필요에 따라 등기부등본, 감정평가
서, 경매사건 내역 등의 공적 장부와 문서가 첨부되어 있기도 하고
요. 여기서는 핵심 사항 위주로 살펴보겠습니다.

▶ STEP 1 : 시세 정확하게 확인하기

위 공시에서 플랫폼이 제시한 감정평가액은 5억 원입니다. 하지만
한 번 더 확인하기 위해 '서울부동산정보광장(land.seoul.go.kr)' 홈페
이지에 들어가 실거래가격을 확인해보니 4억 7,000만 원이라고 나
옵니다. 날짜를 살펴보니 상품 공시가 올라오기 대략 2개월 전이고
요. 실거래가격은 계약 체결일을 기준으로 신고하므로, 2개월 전에
이 빌라가 이 정도 가격에 거래되었다는 말이 되겠죠.

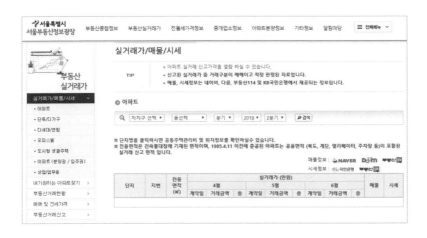

그런데 빌라는 1동짜리도 많고 많아 봐야 2~3동입니다. 전체 수

가 많지 않아 거래량도 많지 않죠. 거래가 빈번한 아파트보다는 실거래가 신뢰성이 약하다는 뜻입니다. 이처럼 실거래가를 파악하기 어렵다는 점을 이용해 다운 계약서가 존재할 가능성도 있고요. 이런 점을 고려해 면적과 구조가 비슷한 주변 다른 빌라의 거래가격도 참고해야겠죠.

위 상품 공시는 바로 이런 이유에서 실거래가액 대신 감정가액을 사용한 것이 아닌가 싶습니다. 은행에서도 대출 심사를 할 때 공시가격을 자주 활용하므로 이것을 문제가 있다고 지적하긴 어렵습니다.

▶ STEP 2 : LTV 비율과 채권최고액 살펴보기

공시에는 감정가액 5억 원을 기준으로 했을 때 LTV 비율이 70%라고 제시되어 있습니다. 하지만 투자자 입장에서는 시세를 보수적으로 보는 것이 바람직합니다. 그러니 실거래가로 다시 따져봐야 해요.

LTV=(대출금÷시세)×100%

=(3억 5,000만 원÷4억 7,000만 원)×100% = 74.5%

채권최고액=3억 5,000만 원×130%

=4억 5,500만 원

실거래가로 산출해보니 LTV는 74.5%로 높아졌고, 채권최고액은 4억 5,500만 원으로 계산됨을 알 수 있습니다.

나는 1만 원으로 부동산 한다

▶ STEP 3 : 매각가율 살펴보기

법원 경매 정보 사이트에서 2017년 용산구의 다세대주택 매각가율을 찾아보면 85.3%라고 나옵니다.

→ 감정가액 5억 원 기준 : 예상 낙찰가격=5억 원×85.3%=4억 2,650만 원

→ 실거래가액 4억 7,000만 원 기준 : 예상 낙찰가격=4억 7,000만 원×85.3%
=4억 91만 원

선순위 상품도 '스크래치'가 날 수 있다

위 빌라의 채권최고액은 4억 5,500만 원입니다. 그런데 실거래가를 기준으로 보든 감정가액을 기준으로 보든, 예상 낙찰가격이 채권최고액에 미치지 못합니다. 부실이 발생해서 경매로 넘길 경우 원금 회수에는 문제가 없지만, 연체이자 일부를 받지 못할 가능성이 있어요.

만약 경매까지 1년이 걸린다고 가정하면 연체이자는 얼마나 될까요? 연체와 부실이 발생했을 때 기간별로 연체이자율을 다르게 책정하는 플랫폼도 있고, 기간에 상관없이 단일 금리로 책정하는 플랫폼도 있습니다. 대개 법정최고금리 수준으로 대출이자율이 뛰어오르는 경우가 많아요. 2018년 3월 기준 법정최고금리가 연 24%이므로 거기에 맞춰 계산해보겠습니다.

대출 원금 3억 5,000만 원×연 24%＝8,400만 원

연간 연체이자 총액은 8,400만 원입니다. 1년 후 낙찰된다면 대출원금 3억 5,000만 원에 연체이자를 합산해 총 4억 3,400만 원을 법원에 청구해야 해요. 그러나 앞서 말했듯이 예상 낙찰가격이 4억 3,400만 원보다 적어서 연체이자를 받을 수 없습니다.

이처럼 연체이자를 다 받지 못하는 경우를 가리켜 '스크래치가 났다'라고 표현합니다. 위 상품은 채권 순위가 1순위일지라도 스크래치가 날 수 있다는 것을 보여줍니다.

그러나 한편으로는 스크래치 위험성이 있음에도 안전성이 높은 상품이기도 해요. 이유는 대출 목적이 세입자가 나가면서 전세보증금을 빼주기 위한 퇴거 자금이기 때문에 그렇습니다. 다시 세입자를 들이면 보증금으로 대출 원리금을 갚을 수 있겠죠. 따라서 현재 상태에서는 경매로 넘어갈 가능성은 없어 보입니다. 다만 수익률이 연

9%라는 점에서 볼 때 부동산 P2P 상품 중에서는 예상 수익률이 낮은 편입니다.

이처럼 상품 공시만 꼼꼼하게 파악해도 투자가치가 있는 상품인지 아닌지 판단할 수 있습니다. 다시 한번 강조하지만 절대로 상품 공시를 허투루 지나치지 마세요!

PART 4

부동산 P2P 레벨 업!
① PF 상품

보이지 않는 담보가 주는
수익을 잡아라!

대단지 아파트는 완공되기 전 입주자들에게 계약금과 중도금을 받아 건축자금을 조달합니다. 하지만 소형 빌라의 경우 사전에 계약금을 받아 분양하는 경우는 매우 드뭅니다. 그렇다면 당장 큰돈이 없는 사람은 땅이 있어도 건물을 짓지 못하는 걸까요?

이럴 때 유용한 것이 부동산 P2P 대출입니다. 지금은 땅 위에 건물이 존재하지 않지만, 순조롭게 완공될 것을 가정하고 미리 돈을 빌려주는 거죠. 건물을 다 지은 이후 발생할 가치를 따져 토지 매입 비용이나 건축자금 등을 빌려줍니다. 이것을 '프로젝트 파이낸싱', 줄여서 PF 대출이라고 합니다. 이는 부동산의 미래 가치를 따져 대출을 해주는 것이므로 눈앞에 존재하는 부동산을 담보로 잡는 일반적

나는 1만 원으로 부동산 한다

인 부동산담보 대출과는 다른 형태라고 할 수 있어요.

PF 상품의 수익률은 연 15~18% 정도입니다. 수익률이 높은 편이라 요즘 많은 투자자가 선호하는 상품이기도 하죠. 투자 기간은 12개월 이내가 많고, 대부분은 빌라 건축자금 대출에 몰려 있습니다.

부동산 P2P 상품에는 PF 대출 비중이 높은데, 여기에는 이유가 있습니다. 시중은행에서 토지담보 대출을 받기는 쉽지만 소규모 PF 대출은 취급하지 않으려고 하거든요. 땅 위에 골조만 있는 상태에서 공사가 중지되면 부실채권으로 전락하는 것은 시간문제이기 때문입니다. 그래서 PF 대출은 제2금융권이나 대부업체에서 주로 취급하곤 했습니다. 그러다가 우리 삶에 핀테크가 들어오면서 P2P 시장과 만나게 된 것이죠.

PF 대출은 당장 담보로 잡을 수 있는 건물이 없기 때문에 위험성이 크지만 그만큼 수익도 높습니다. 그래서 통상적으로 고위험-고수익 구조라고 보지만 꼭 그렇지만도 않습니다. 상품 구조를 보는 눈이 있다면 얼마든지 저위험-고수익 상품을 찾아 투자할 수 있어요.

공부하기 전에 절대로 무작정 달려들지 마라

PF 대출은 부동산 상품 중 위험성이 가장 높아서 그만큼 주의가 필요합니다. PF 대출을 통해 돈을 빌리는 사람들은 대부분 틀림없이 약속한 날짜에 원리금을 상환할 것이라고 강조하죠. P2P 플랫폼 역시 자신들이 기획한 상품이 안전하다고 말합니다.

최근 들어 P2P 상품의 공시 의무가 강화되어 공사 진행 상황, 대출금 사용 내역, 차주의 자기자본 투입 비율, 대출 만기 연장 여부 등을 모두 기재해야 합니다. 어느 기사를 보니 '차주의 신용도, 시공 능력 평가액, 해당 사업지의 입지 조건을 면밀히 살펴보라'는 조언에 덧붙여 이런 내용이 있었습니다.

"플랫폼이 산출한 준공가치가 적절한지 인근 지역의 실거래가 현황을 부동산 정보 사이트에서 확인하고, 건축 인허가 승인 여부도 확인하고, 직접 공사 현장에 가거나 인터넷 지도로 30분 이상 찾아보는 것이 방법이다."

사실 진짜로 심각한 위험은 상품에 내재된 리스크가 아닙니다. PF 상품과 연관된 모든 것을 파악하고 이해한 후 투자할 수 있느냐가 관건이에요. PF 상품에 대한 질문을 종종 받습니다. 그런데 이야기를 나누다 보면 질문하신 분이 PF 상품에 투자할 정도의 지식을 갖고 있지 않다는 생각이 드는 경우가 많아요. 충분한 공부 없이 '묻지마 투자'를 해놓고 궁금해하는 거죠.

PF 상품은 부동산 경기의 영향을 많이 받는 편이라 투자하기 만만한 상품이 아닙니다. 그러니 무작정 높은 수익률에 혹해서 달려들지 말고 상대적으로 안전하고 구조가 쉬운 상품부터 다루는 것이 좋아요. 아파트 후순위 상품을 분석하는 데 능숙해지면 빌라를 짓는 PF 대출을 이해하기도 훨씬 쉽습니다. 이런 식으로 단계를 밟아가면서 익혀야 해요. 그렇지 않고 단지 글자로만 보이는 수익률, 기간, 투자금 등만 보고 달려드는 것은 의미 없습니다.

　PF 상품은 아직 지어지지 않는 부동산의 가치를 평가한다는 특성상 건축 과정에 대한 이해가 필요합니다. 사실 이 부분은 전문가조차 쉽지 않은 영역입니다. 하물며 건축을 잘 모르는 개인 투자자 입장에서는 말할 것도 없겠죠.

　공사 현장을 직접 찾아가 눈으로 본다고 해도 막막한 것은 마찬가지입니다. 점쟁이도 아닌 개인 투자자가 빈 땅을 보고 건물이 제대로 완성될지 쉽게 예측할 수 있을까요? 대단지 아파트 같은 큰 사업장도 아닌 소형 빌라라면 건축주의 시행 능력을 어떻게 확인할 수 있을까요? 또 무엇을 통해 건설회사의 시공 능력을 검증할 수 있을까요?

　결국 P2P 플랫폼의 역량에 기대어 '괜찮으니까 상품을 내놓았겠지'라는 판단만 가지고 투자하거나, '플랫폼이 알아서 해주고 나한테는 이자만 주세요'라는 식으로 접근하는 것에 불과합니다.

　이런 식으로 투자하지 않으려면 기획 단계부터 여러 리스크를 헤지하는 플랫폼을 선택하는 것이 좋습니다. 수많은 P2P 플랫폼이 있지만, 플랫폼마다 투자 방향이나 스타일이 다릅니다. '이 플랫폼은 어디까지 리스크를 헤지하고 상환 재원을 어떻게 확보하는구나', 혹은 '출구 전략을 어느 정도까지 세워 실행하는구나' 등의 특성을 파악해야 합니다. 이처럼 플랫폼의 패턴을 익히면 상품 설명서를 보기도 쉽고 상품을 선택하는 데 도움이 될 수 있어요.

투자 대상을 압축하면 위험도를 낮출 수 있다

PF 상품은 주로 1군 건설회사들이 뛰어
드는 대단지 아파트 등과는 달리, 개인
이 주도하는 시장입니다. 그 때문에 건
축 중 문제가 생기면 대처 능력이 현저
히 떨어진다는 위험을 안고 있어요.

　그러므로 PF 상품 중 어떤 것에 투자
해야 할지 묻는 분들께 처음에는 주거용
상품 위주로 접근하라고 말씀드립니다.
직접투자와 마찬가지로 PF 상품에서도

> **TIP**
>
> **1군 건설사**
> 국토교통부에서는 전년도 시
> 공 실적, 경영 능력 등을 반영
> 해 매년 8월 말 건설사에 대한
> 시공 능력 평가 등급을 발표한
> 다. 이 금액에 따라 1~7군까
> 지 나뉘는데, 여기서 1등급인
> 건설회사를 가리키는 말. 시공
> 능력이 약 50위권 안에 드는
> 건설회사라고 보면 되며, 브
> 랜드 있는 대형 업체가 대부분
> 여기에 속한다.

상업용 상품보다 주거용 상품의 안전성이 높은 편이거든요. 상가보
다 빌라로 투자를 시작하는 것이 좋은 이유는 미분양되거나 예상치
못한 문제가 발생하더라도 전세보증금을 받아 빠져나오는 것이 비
교적 수월하기 때문입니다. 주거용 상품을 제대로 해석할 수 있는 안
목이 생기면 그때부터 상품 범위를 넓혀가면 됩니다.

　부동산 P2P 투자에서 PF 대출은 주로 소규모 사업인 빌라 공급
에 치중되어 있어요. 그런데 이런 빌라는 부동산 활황기에는 분양
이 어렵지 않지만, 하락기에는 미분양 사태가 벌어지기 쉽습니다.
2011~2012년에 있었던 저축은행 사태를 들어보셨을 거예요. 당시
저축은행 중 10여 곳이 퇴출당했죠. 이는 부동산 활황기에 PF 대출
을 무리하게 늘렸다가 침체기가 되자 줄줄이 문제를 일으키면서 벌

어진 일이었습니다.

개인 투자자가 이런 일을 겪지 않으려면 나름의 판단 기준이 있어야 합니다. 저는 투자자에게 네 가지 요령을 말씀드리곤 해요.

▶ 하나, 주변 지역에서 공급되는 주택을 살펴본다

일반적으로 부동산 경기가 좋을 때는 그 지역에 주택 공급량이 늘어나기 마련입니다. 그러므로 특정 지역에 분양되는 아파트나 빌라가 늘고 있다면 그곳 부동산 경기가 좋다고 판단할 수 있죠.

다만 그런 상황이 이미 1~2년 지속되었다면 그때부터는 그 지역에서 손을 터는 것이 좋습니다. 아파트의 경우 대략 분양 후 3년이면 완공됩니다. 대단지일수록 갑자기 입주 물량이 증가해 인근 부동산 시장에 가해지는 충격이 큽니다. 그 아파트 인근은 한동안 매매도 잘되지 않고 임대료 시세도 하락할 겁니다. 빌라 같은 건축물은 이런 점을 고려해 분양하면 문제없을 만한 시기인지, 시세가 적정하게 책정됐는지 등을 확인해봐야 합니다.

▶ 둘, 주변 임대 여건을 확인한다

빌라를 짓는다면 서울과 수도권 등 임대가격이 비싼 지역과 농촌과 도시가 혼재된 지방 소도시 중 어느 곳에서 분양이 잘될까요? 당연히 인구가 많은 지역일 겁니다. 수도권 지역의 경우 주거형 상품은 큰 하자만 없다면 완공 후 대부분 완판됩니다. 당연한 말이지만 인구가 많은 곳일수록 주거형 상품의 안전성이 높아진다는 뜻이 되겠죠.

▶ 셋, 분양가 계산이 적정한지 살핀다

지역의 선별 못지않게 분양가도 중요합니다. 아파트 시장에서 부동산 경기가 정점에 도달했다가 꺾일 때 나타나는 현상이 있습니다. 시장이 활황일수록 원재료인 땅값이 올라가기 때문에 분양가도 가파르게 올라간다는 점입니다.

건설회사는 내부를 고급 마감재로 꾸몄다는 식의 설명을 덧붙이면서 분양을 유도합니다. 그러나 가격이 오를수록 분양 희망자를 찾기가 어렵죠. 미분양 아파트가 늘어나면 부동산 경기가 좋지 않다는 신호로 읽히기 때문에 시장 침체를 부르는 경우가 많아요. 개인 투자자가 주로 뛰어드는 빌라 시장도 마찬가지고요.

비슷한 물건이라면 좀 더 저렴하게 파는 가게에서 사는 것이 사람 심리잖아요? 집도 마찬가지입니다. 주변보다 가격이 높게 책정되면 분양에 어려움을 겪을 수 있어요. 투자를 결정하기 전에 그 지역에서 분양이 잘될지, 분양가는 어떻게 책정해야 할지 반드시 따져보고 판단해야 합니다.

▶ 넷, 가급적 투자 기간이 짧은 상품을 잡자

투자 기간이 길면 부동산 경기가 바뀔 때 대응력이 떨어지기 쉽습니다. 대단지 아파트와 달리, 빌라는 건축 기간이 짧아 상황 변화에 어느 정도 대응할 수 있습니다. 땅만 확보했다면 길게는 1년, 짧으면 6개월 정도 만에 뚝딱 건물을 올릴 수 있어요. 단, 공사 기간이 이보다 짧다면 부실 공사로 이어질 우려가 있으니 피하는 것이 좋습니다.

투자 경험이 많지 않다면 부동산 경기 흐름을 파악하는 것이 쉽지 않죠. 이럴 때는 차선책으로 완공이 얼마 남지 않은 상품에 투자하는 것도 하나의 방법입니다.

분양이 안 돼도 수익이 들어올
구멍은 있다?

김부자 씨는 돈을 탈탈 털어 나대지(비어 있는 땅)를 10억 원에 매입했습니다. 그 땅에 전용면적 $59.5\,m^2$(약 18평)인 빌라를 지어 분양할 계획을 세웠어요. 건물을 짓는 데 11억 원 정도 들 것으로 예상했죠.

이때 토지만을 담보로 잡는다면 보통 5억~6억 원 정도 대출을 받게 됩니다. 그런데 김부자 씨가 빌라를 지으려는 땅 맞은편에 비슷한 빌라가 있다고 해볼게요. 최근에 지은 것인데 전용면적 $59.5\,m^2$로, 1채당 3억 원의 가격에 모두 분양되었습니다. 그렇다면 김부자 씨의 빌라도 비슷한 금액으로 분양될 거라고 예상할 수 있습니다.

만약 김부자 씨가 부동산 P2P 플랫폼에서 PF 대출을 이용한다면 시중은행보다 더 많은 금액을 대출받을 수 있습니다. 통상적으

나는 1만 원으로 부동산 한다

로 P2P 플랫폼은 건물을 다 지으면 시장가치가 어느 정도일지 따져 보고, 그렇게 해서 산정된 금액의 60~70%까지 대출해주거든요. 요즘 짓는 빌라를 보면 보통 1층은 필로티 공법으로 기둥만 올리고 주차장으로 활용합니다. 그 위로 4개 층을 더 올리므로 1층당 2가구씩 8가구가 건물 한 채를 구성하죠.

김부자 씨도 8가구를 공급한다고 하면, 그는 1채당 3억 원씩 총 24억 원의 분양 대금을 손에 쥐게 됩니다. 24억 원의 가치를 지닌 빌라라면 11억 원 정도(LTV 46%)는 어렵지 않게 대출받을 수 있습니다.

이처럼 보통 주변 유사한 물건의 거래 사례를 이용한 거래 사례 비교법은 PF 투자에서 많이 사용하는 방법입니다. 거래 사례 비교가 어려울 때는 감정평가회사의 감정가액을 기준으로 삼을 수도 있습니다.

분양이 안 돼도 걱정할 필요 NO!

보통 P2P 플랫폼에서는 담보로 잡은 집이 분양될 때마다 건물주에게 그 돈을 바로 회수합니다. 그런데 김부자 씨의 빌라는 원금 상환일까지도 201호와 202호만 분양되었습니다. 사실 빌라가 완공되고 나서도 분양이 되지 않는 것은 드문 일이 아닙니다.

어쨌든 대출 총액 11억 400만 원 중에서 201호와 202호의 분양 대금 6억 원은 회수되었지만 나머지 돈을 갚아야겠죠. 이 경우 김부자 씨가 P2P 플랫폼에 원리금을 갚기 위해 취할 수 있는 조치는 무엇일까요?

먼저 미분양된 나머지 집을 담보로 다시 대출을 받는 대환대출을 이용할 수 있습니다. P2P 플랫폼이 게재한 상품 공시에 다음과 같은 설명이 있다면 바로 이런 경우입니다.

> 본 사업장은 동일 규모 인접 동에 이미 24억 원의 대출 실행 사례가 있어 대환 가능성이 매우 높고 비교적 정확합니다.
> 준공 완료 후 금융기관을 통해 예상 가치인 24억 원의 50% 정도를 대출받아 대출금을 상환할 예정입니다.

대환대출의 경우 보통 수도권 70%, 광역시 65%, 기타 지역 60% 정도 비율입니다. 바로 이런 이유에서 PF 대출 상품의 LTV가 60~70% 이하인 상품에 투자하는 것이 좋습니다.

두 번째 방법은 전세보증금을 받아 원리금을 갚는 것입니다. 분양 대신 전세를 놓고 보증금을 받아 대출 원리금을 갚은 다음 차후에 매매하면 됩니다. 상품 공시는 이런 식으로 표현하고 있습니다.

> 현재 주변 반경 500m 이내 신축 빌라의 전세 시세는 동일 평수 기준 세대당 2억 5,000만 원 정도로, 총 8세대 전세 계약을 체결할 경우 20억 원 전세보증금 수령 가능.

이처럼 빌라는 생각만큼 분양이 안 될 경우에도 대출금을 회수할 다른 방법이 있기 때문에 PF 상품에서 차지하는 비중이 높습니다. 만약 앞의 두 가지 방법을 동원해서도 원리금을 회수할 수 없다면, 담보로 잡은 토지를 팔거나 빌라를 경매에 넘기는 방법도 있습니다.

PF 상품의 가장 큰 적
'미준공'

"같은 빌라를 담보로 PF 상품에 투자한다면 투자 시기가 언제든 안전성은 동일한 거 아닌가요?"

간혹 이런 질문을 받곤 합니다. 답은 '완공 시기에 가까울수록 안전성이 높아진다'입니다. PF 상품은 건물이 완공된 시점의 가치를 기준으로 대출 금액을 결정한다고 했습니다. 그런데 만약 대출만 받고 건물을 완공하지 않으면 어떻게 될까요?

이 역시 돈만 받고 나 몰라라 하는 '먹튀'가 될 수 있습니다. 아예 빈 땅인 상태에서 문제가 생긴다면 차라리 낫습니다. 진짜 골치 아픈 경우는 골조만 엉성하게 올라간 상태로 공사가 중단되는 것입니다. 짓다 만 건물이 아주 오랜 기간 방치된 모습을 본 적이 있을 겁니다.

나는 1만 원으로 부동산 한다

저는 그런 광경을 볼 때마다 '누군가 대출금 회수 문제로 속이 타들어가고 있겠구나' 하는 생각이 듭니다.

　의도된 것은 아니더라도 중간에 일이 어그러져 공사가 중단될 위험도 있어요. 주변에서 소음이 심하다고 민원을 넣으면 공사가 중단될 수 있습니다. 건축법을 어겼거나 부실하다는 이유로 건물을 다 지었어도 준공검사를 받지 못할 수도 있고요. 이런 것을 통틀어 '미준공 리스크'라고 합니다. PF 상품을 선택할 때 고려해야 할 핵심 중 하나는 준공되지 않을 가능성을 가늠해보는 겁니다.

준공이 장기화되면? 빼도 박도 못하는 부실채권!

시행사인 건축주가 중간에 망했거나, 내부 관계자가 자금을 횡령하는 등의 이유로 준공이 지연되는 경우도 있습니다. 대단지 아파트 사업장도 분양이 되지 않으면 자금난에 시달리다가 공사가 중단되기도 해요. 그러다 보면 20층까지 지어야 하는데 5층까지만 올라간 상태에서 흉물스러운 모습을 드러내는 것이죠.

　10억 원짜리 땅에 아파트를 짓는데 5억 원 정도 가치만큼 올린 상태라고 가정해볼게요. 이 경우 현물가치가 15억 원 정도인데 땅값도 안 되는 7억 원이나 5억 원에 팔릴 수도 있습니다. 이 아파트를 매수한 사람은 5억 원으로 15억의 가치를 얻었으니 이익이지만, PF 상품에 투자한 사람 입장에서는 그야말로 날벼락입니다.

　게다가 공사가 중단되면 법정지상권과 유치권으로 권리관계가 복잡해지기도 해요. 토지와 그 위에 지은 건물의 소유주가 다른 경우가 있습니다. 건물주 입장에서 토지 주인에게 건물을 강제로 철거당하지 않을 권리가 법정지상권입니다.

한편 공사가 지연되면 공사비 등을 제대로 받기가 어려워지겠죠. 그럴 때 건물을 점유한 상태에서 건설비를 받을 권리(채권)를 주장하는 것이 유치권입니다. 법정지상권과 유치권이 있으면 경매에서 유찰되는 경우가 많아요. 몇 번씩 유찰시켜 헐값에 낙찰받으려는 경우도 있고요.

미준공 리스크는 PF 투자에서는 정말 심각한 위험입니다. 토지를 담보로 대출한 것이 아니기 때문에 허허벌판에 건물을 세워야만 제대로 된 담보물이 생겨나는 것이거든요. 돈을 빌려준 P2P 플랫폼이나 투자자 입장에서는 건물이 완전히 다 지어지고 준공허가가 나야만 합니다. 그래야 분양대금을 가져오든, 대환대출을 실행하든, 세입자를 구하라고 독촉하든, 원리금을 제대로 회수할 수 있습니다. 준공이 안 되면 LTV 자체도 의미가 없는 숫자가 되고 말죠.

이런 이유에서 P2P 플랫폼은 대출자에게 대출 금액을 한꺼번에 내주지 않습니다. 건물이 올라가는 정도를 살펴보면서 몇 차례로 나눠 대출을 실행해요. 실제로 상품 공시를 보면 '본 건에 대한 총 대출 신청액 11억 400만 원은 순차적으로 모집 후 대출이 실행될 예정입니다. 1차 3억 5,000만 원(모집 완료), 2차 3억 원…'라는 식으로 대출 실행 스케줄을 제시합니다.

이런 대출 방식으로 PF 상품은 크게 두 가지로 나뉩니다. 하나는 공사를 시작하는 시점부터 진행하는 순수 PF 대출 상품이고, 다른 하나는 골조가 어느 정도 올라간 상태에서 추가 공사비를 모집하는 준공자금 대출 상품으로 나뉩니다.

'미준공 리스크' 똑똑하게 줄이기

"PF 투자에서는 준공되는 것이 중요하다고 했는데, 그럼 어떻게 해야 하나요?"

당연히 건물이 올라가는 상태를 수시로 확인하는 것이 가장 확실합니다. P2P 플랫폼은 투자자가 안심할 수 있도록 공사 현장 사진이나 동영상을 홈페이지에 올려 공유합니다.

▶ 가급적 완공에 가까운 상품에 투자한다

PF 상품 공시를 보면 이런 내용이 있습니다.

현재 공정률 85%인 상태로, 당사가 직접 하도급 계약 관리 및 공정 확인 등의 미준공 리스크 관리를 통해 공사 완료에는 문제가 없습니다.

직접적으로 '시공사가 부도 날 위험이 없다', '리스크가 없다'라고 표현하면 유사수신행위가 됩니다. 그 때문에 '분양이 끝나갑니다', '입주하고 있습니다'라고 돌려서 표현해 안전한 상품이라는 점을 강조합니다. 이처럼 공정률이 높고 최대한 완공에 가까운 단계일 때 투자하는 것은 미준공 리스크를 줄이는 방법이 될 수 있어요.

▶ 총 사업비 중 자기자본 비율이 높을수록 좋다

PF 대출에 대해 저축은행 등 제2금융권에서는 통상적으로 자기자본 비율이 25% 이상이 될 것을 요구합니다. 전체 사업비가 10억 원이라면 건축주가 2억 5,000만 원 이상은 자기 돈을 투입해야 한다는 뜻이죠. P2P 플랫폼은 이보다 조금 낮은 10~20% 비율 정도를 요구하고요.

자기자본 비율이 높아졌다는 말은 건축주의 돈이 많이 들어갔다는 뜻이에요. 당연히 미준공 리스크가 낮아지겠죠? 대부분의 사업에서 발생하는 외상 공사 비율을 낮출 수도 있고요. 외상 공사 비율이 높아지면 그만큼 시공사의 자금 여력이 충분하지 않다는 뜻이므로 공사를 마무리하지 못할 가능성이 높아집니다.

▶ 상품 공시를 보며 헤지 방안이 충분한지 판단한다

P2P 플랫폼은 투자자를 위한 보호 방안을 여러 가지로 세워둡니다. 대략 이런 내용이 상품 공시에 빼곡하게 적혀 있어요.

우선 토지에 2순위 근저당권을 설정할 수 있습니다. 이 말은 땅 주인이 은행에서 대출을 받아 그 땅을 매입했다는 의미입니다. P2P 플랫폼이 담보인 부동산을 부실채권 매입 전문회사에 넘기거나 직접 경매 시장에서 처분해야 할 경우가 있어요. 이를 대비해 시행사가 법정지상권을 포함한 시행권을 주장하거나 시공사가 유치권을 주장할 가능성을 사전에 차단해야 합니다. 그래서 시행권 및 유치권 포기각서 수령, 시공권 및 유치권 포기각서 수령, 부동산(토지권리)포기확약서, 소유권 이전등기 완료 등의 방법으로 사전에 모든 분쟁 소지를 없애버립니다.

또 시공사가 돈만 받고 건물을 짓지 않는 경우를 대비해 도급처별로 도급계약서를 받거나 이체에 대한 자금 관리 등의 장치도 만들어둡니다. 공사 진행 상태를 봐가면서 건축업자에게 돈을 직접 지급하겠다는 뜻입니다.

한편 건축비를 못 받더라도 시공사가 책임지고 준공하겠다는 일종의 약속을 맺는 것이 책임 준공입니다. 아파트 같은 대형 사업에서는 중간에서 돈을 관리하는 신탁회사가 있어요. 책임 준공까지 있으면 미준공 리스크에서 상당 부분 벗어날 수 있습니다. 하지만 소규모 사업이라면 책임 준공이 무의미해질 수도 있습니다. 신탁회사가 자금을 관리하는 경우도 드물고, 시행사와 시공사가 분리되어 있어도 실질적으로는 같은 회사일 수 있거든요.

이처럼 미준공 리스크를 최대한 헤지해둔 상품을 고르면 안전성이 높아질 수 있어요. 투자자는 상품 공시를 통해 미준공 리스크가 어느 정도 헤지되는지 알아야 합니다. 100%까지는 아니어도 기획 단계에서 위험도를 낮춘 상품을 골라야 한다는 뜻입니다.

PF 상품에 신탁회사가 끼어 있으면 안전한가요?

PF 상품 공시를 보다 보면 이런 내용을 볼 수 있습니다.

> "신탁회사에서 자금을 관리하는 상품으로 안전성이 높습니다."
> "○○펀드와 금융 주관사(△△투자증권) 및 신탁회사 공동으로 준공 자금 관리를 진행할 예정이며…."
> "본 건은 관리형 토지신탁 방식으로 진행되어 보다 안전하게 토지와 건축물을 관리하게 됩니다."
> "개발신탁 사업장으로 시행사와 사업 구도가 절연되었습니다!"

PF 투자에는 다양한 주체가 존재하는데, 시행사, 시공사, 신탁회사, 대주단 등이 있습니다. 시행사는 토지를 매입하거나 홍보·분양 등 전반을 총괄하며, 시공사는 건물을 짓습니다. 신탁회사는 자금을 대신 관리하며 배분하고, 대주단은 자금을 조달하는 역할을 하죠.

여기서 잠깐 신탁회사에 대해 살펴볼게요. 신탁회사는 담보신탁, 개발신탁(토지신탁), 관리형 토지신탁, 처분신탁, 분양관리신탁 등의 사업을 합니다.

▶ 담보신탁

신탁회사가 부동산 소유권을 넘겨받아 사업을 진행하는 형태예요. 소형 다세대주택이나 빌라의 PF 사업을 P2P로 진행할 때 가장 많이 사

나는 1만 원으로 부동산 한다

용하는 방식입니다. 자금은 P2P 플랫폼 등에서 조달하죠. 채무자가 파산하더라도 담보 부동산의 소유권이 신탁회사에 있기 때문에 P2P 투자자 입장에선 안전합니다.

▶ 개발신탁과 관리형 토지신탁

개발신탁(토지신탁)은 땅 소유자가 땅을 신탁회사에 맡기면(위탁), 신탁회사가 자체 신용으로 사업비를 조달해 개발하는 방식입니다. 개발 후 수수료 등을 뺀 이익과 부동산 권리는 위탁자(수익자)에게 반환하고요. P2P 투자자 입장에서는 신탁회사가 알아서 다 책임지고 사업을 마무리하는 방식이라 가장 안전한 유형입니다.

관리형 토지신탁은 토지신탁과 비슷하지만 사업비를 신탁회사가 조달하지 않는다는 점에서 차이가 있어요. 대신 신탁보수가 저렴하죠. 빌라 등의 소형 PF 투자에서는 대략 30억 원을 기준으로 그 이상이면 관리형 토지신탁을, 이하면 담보신탁을 활용하는 편입니다.

▶ 처분신탁

대형 부동산을 대신 처분하는 활동입니다.

▶ 분양관리신탁

일정 규모 이상인 공동주택 등에서 사전에 분양할 때는 신탁회사와 '분양관리신탁계약'을 체결해야 합니다. 이는 시행자가 청약금이나 분양 수입금을 받아 횡령하는 것을 원천 차단하기 위한 제도예요.

신탁회사는 이처럼 다양한 활동을 하는데, 소규모 PF 투자에서는 신탁회사가 없는 경우가 있습니다. 비용 문제로 수익성이 떨어지기 때문입니다. 이런 경우에는 P2P 플랫폼이 자금 집행을 관리하는 등 신탁회사 역할을 대신합니다.

신탁회사가 개입한 상품이라면 상품 공시에 '투자금은 대출 실행과 동시에 부동산 신탁회사 에스크로우 계좌로 안전하게 이체되어 투명하게 운용됩니다'라는 내용이 들어가 있기도 해요. 에스크로우란, 중립적인 제3자나 기관이 매매와 관련된 자금을 보관하는 것을 뜻합니다. 거래를 공정하게 진행하기 위한 절차 중 하나입니다.

이때 한 가지 유의할 것은, 이런 공시 내용을 보면 신탁회사가 모든 자금 집행을 감시·감독하는 것으로 여겨지지만, 실제로는 그렇지 않다는 사실입니다. 신탁회사의 자금 관리는 투자자 입장에서 가장 중요한 원금 상환과는 별 상관이 없거든요. 이는 플랫폼에서 "공정이 진행되고 있으니 맡겨둔 돈을 주세요"라면서 내주는 단순 계약서에 불과합니다.

다시 한번 강조하지만 P2P 투자자 입장에서 실질적인 담보 가치가 존재하는 것은 신탁우선수익권의 담보 범위, 그리고 해당 부동산의 담보입니다. 참고로 신탁우선수익권 개념은 근저당권 개념과 비슷합니다. 근저당권은 국가 기관인 등기소에서 등기부등본을 통해 '이 아파트는 ○○은행에서 대출받은 내역이 있습니다'라고 공시하는 거죠. 신탁우선수익권은 등기소 대신 '신탁회사'라는 제3의 기관에서 '신탁원부'라는 서류에 '이 아파트에는 우선수익권자인 ○○은행으로부터 대출받은 내역이 들어가 있습니다'라고 알려주는 것이랍니다.

실전에서 만나는
PF 상품 공시 완전 분석

PF 상품에 투자하면 마치 건물주가 된 듯한 느낌이 든다고 합니다. 높은 수익률뿐만 아니라, 저 건물을 세우는 데 내 돈을 보탰다는 생각에 뿌듯한 마음마저 생긴다고 해요. 이런 생각이 들 정도면 PF에 투자할 만하겠죠? 이제 실제로 판매된 상품 공시를 살펴보며 PF 상품을 고르는 요령을 알아보겠습니다.

〈상품 분석〉◇◇펀딩 경기도 ○○시 다세대주택 신축 사업 13차

모집 기간	2018.01.05 ~ 2018.01.05
수익률	연 13%
투자 기간 13개월	LTV 65%(❶)

[투자 요약]

투자 상품	1순위 건축 자금 채권
모집 금액	1차 1억 원(모집 완료)
	2차 0.6억 원(모집 완료)
	3차 1억 원(모집 완료)
	4차 0.7억 원(모집 완료)
	5차 0.8억 원(모집 완료)
	6차 0.3억 원(모집 완료)
	7차 0.2억 원(모집 완료)
	8차 0.2억 원(모집 완료)
	9차 0.2억원(모집 완료)
	10차 0.4억 원(모집 완료)
	11차 0.3억 원(모집 완료)
	12차 0.5억 원(모집 완료)
	13차 0.5억 원(모집 중)(❷)
	14차 이후 9억 1,000만 원(예정)
	총 15억 8,000만 원
연 수익률	13.00%
투자 기간	총 13개월
	(공사 기간 10개월+1개월 단위로 최장 3개월까지 연장 가능)(❸)
상환 예정	2019년 1월 16일
상환 방식	매월 이자 지급 후 원금은 만기 일시 상환
	(일부 또는 전액 중도 상환 가능)
	단, 매월 25일~말일에 대출 실행된 상품의 첫 수익금은 다

나는 1만 원으로 부동산 한다

다음 달 첫 영업일에 지급

상환 재원   준공 후 담보대출 또는 분양(임대)

자금 용도   토지비 4.8억 원＋공사비 8.7억 원＋기타 사업비 2.3억 원
＝총 15.8억 원

[핵심 투자 포인트]

1. 분당 생활권의 입지 및 풍부한 주거 수요

· 분당 및 판교 생활권 공유(접근성 용이)

· 분당, 판교 및 강남권 출퇴근 양호해 주거 수요 풍부

· 판교 벤처밸리 조성으로 젊은 층 유입 가속화

· 인근 능평초(2020년 개교) 건립 확정

2. 명확한 상환 재원

· 준공 후 예상 감정가액(추정 가치) 24.4억(대일감정평가 법인)❹

· LTV(추정가치 대비 대출금 비율) 65%의 양호한 수준

· 인근 신축 빌라 다수 입지해 준공 후 대출(상환 재원) 확정적❺

3. 양호한 시공 능력

· 최근 3년간 다수(12건)의 빌라 시공 경험이 있는 종합 건설회사❻

· 본 건 인근(능평리)에 본 건과 유사한 다세대주택 준공 단계

[건물 정보]

주용도   공동주택(다세대주택)

총 세대 수   11세대

층 수   지상 1층~4층, 1개 동

전체 연면적   655.925㎡(198.42평)

전용면적   다세대주택 11세대

48.72㎡(14.74평) 1세대 / 52.21㎡(15.79평) 2세대

52.57㎡(15.90평) 2세대 / 54.80㎡(16.58평) 6세대

지도 첨부(❼)

[공사 정보]

사업 정보   준공 후 ◇◇펀딩 예상가치 24.4억 원

(대일감정평가법인 20.9억~24.4억 원)

현재 공정률   3%

[투자자 보호]

담보 설정 방법   신탁 1순위 수익권

담보 설정 내용   사업자의 다른 채무로 인해 사업 부지가 압류되어 부실

되지 않도록 토지의 소유권을 안전하게 부동산 신탁회

사로 이전하고 반드시 1순위 수익권을 확보합니다.(❽)

투자금 관리   투자금은 대출 실행과 동시에 부동산 신탁회사 에스크로

우 계좌로 안전하게 이체되어 투명하게 운용됩니다.(❾)

사업 관리   대출금(투자금)은 대출자에게 일괄 지급되지 않습니다.

대출자(사업자)는 공정률에 따라 공사비를 요청하며, ◇◇펀

딩 사업 관리팀 건축사가 공사 현장을 방문해 정상적으로 공

사가 진행되었는지 확인 후 신탁회사를 통해 공사업자에게

대금을 지급합니다.

추가채권보전(❿)

· 시행사 시행권 포기각서   · 시공사 책임 준공 확약서

· 시행사 시행권 양도각서   · 시공사 연대보증

· 시공사 시공권 및 유치권 포기각서

▶ STEP 1 : LTV 비율과 산정 방식을 확인하자

이 상품은 다른 PF 상품에 비해 수익률이 연 13%로 약간 낮은 편입니다. ❶에서 LTV 65%라고 되어 있으니 LTV가 60~70% 이하인 것이 좋다는 기준은 일단 만족시켰어요.

이 상품은 1순위 건축 자금 채권이라고 적혀 있는데, 건축주가 원래 토지를 소유하고 있었거나 상품을 기획한 P2P 플랫폼에 토지 매입 비용을 빌렸다는 뜻입니다. 만약 시중은행에서 자금을 빌렸다면 1순위권자는 은행일 것이므로 1순위가 아닌 후순위 근저당권을 설정했다고 밝혔겠죠.

❷에서는 총 15억 8,000만 원에 대한 대출자금 중 13차분이고, 12차까지 집행된 자금은 6억 2,000만 원이란 것을 계산할 수 있어요. 자금 용도를 보면 토지 매입자금부터 대출받았다는 것이 확인됩니다.

▶ STEP 2 : 원리금 상환 방법을 살펴보자

❸에서 밝힌 투자 기간을 보면 공사 기간이 10개월인데, 1개월 단위로 최장 3개월까지 연장할 수 있어 13개월이라고 합니다. 이 말은 10개월 후면 조기 상환할 수도 있다는 뜻이에요. [상환 재원]에서 대환대출을 받거나 분양 또는 전세를 놓고 받은 보증금으로 빠져나올 것이라고 설명합니다.

❹에 감정평가원의 시세가 24억 4,000만 원이라고 나옵니다. 감정가액을 기준으로 삼은 LTV 비율이란 것을 알 수 있죠. 앞서 배운 방법으로 반드시 주변 시세를 확인해봐야 합니다.

❺의 '준공 후 대출(상환 재원) 확정적'이란 무슨 말일까요? 준공 후 분양되지 않을 경우 대환대출을 통해 원리금을 회수할 수 있다는 뜻입니다. 투자자를 안심시키는 장치라고 할 수 있죠.

▶ STEP 3 : 미준공 리스크를 살펴보자

❻을 보면 위 주택의 시공사가 최근 3년간 12건의 빌라 시공 경험이 있는 종합 건설회사라는 점, 인근에 유사한 다세대주택이 준공 단계라는 점을 알 수 있습니다. 부실 공사를 해서 건물이 미준공되는 사태가 벌어질 가능성이 낮다는 사실을 강조하는 겁니다.

[건물 정보]를 통해 11가구가 살 수 있는 4층짜리 다세대주택 1개 동을 짓는다는 것을 알 수 있습니다. ❼에는 건축 현장 지도가 첨부되어 있고요. 모든 부동산 P2P 상품에는 현장 지도가 첨부되는데,

나는 1만 원으로 부동산 한다

PF 상품에서는 절대 그냥 지나쳐선 안 됩니다. 눈에 보이는 건물이 없는 상태에서 투자하는 것이므로 도로 접근성은 어떤지, 인근에 아파트나 유사한 다세대주택이 있는지 등을 꼼꼼하게 살펴봐야 하죠. 축척 비율을 조정할 수 있으므로 다양한 축척 비율을 이용해 주변 지형, 건물, 대중교통 시설 등을 확인해보세요.

[사업 정보]에서는 감정평가 법인의 감정가액이 20억 9,000만~24억 4,000만 원인 것을 볼 수 있어요. 플랫폼에서는 감정가액으로 24억 4,000만 원이란 가장 높은 가격을 제시했지만, 투자자 입장에서는 최대한 보수적으로 보는 것이 좋습니다. 낮은 금액인 20억 9,000만 원으로 다시 LTV를 계산해볼게요. 총 대출 금액은 15억 8,000만 원이니 LTV는 75.6%로 올라갑니다.

그리고 현재 공정률은 3%로 되어 있죠? 공사가 3%밖에 진행되지 않았다는 뜻입니다. 이 상품은 13차 대출 시점에서 터를 잡기 위한 땅 파기 공사를 하고 있는 것으로 볼 때 미준공 리스크가 없다고 보기는 어려운 초기 상품입니다.

▶ STEP 4 : 투자자 보호 방안을 살펴보자

[투자자 보호]에서 ❽을 보면 토지 소유권을 안전하게 부동산 신탁회사로 이전한다고 되어 있어요. 소유권을 신탁회사에 맡기고 대주단의 역할은 P2P 플랫폼이 하는 구조입니다. 혹여 건축주나 시공사가 부도가 나더라도 부동산에 대한 소유권이 신탁회사에 있기 때문

에 투자자 입장에서는 일종의 안전장치가 되죠.

한편 ❾에서는 신탁회사 에스크로우 계좌를 이용한다고 되어 있습니다. 제3자인 신탁회사의 계좌 에스크로우를 도입해 P2P 플랫폼의 확인이 없으면 인출이 불가능한 구조로 만들었다는 뜻입니다. 이는 차주가 건축자금이 필요하다는 이유로 대출을 받고 나서 다른 용도로 쓰는 상황을 방지하기 위한 것입니다.

따라서 이 상품 역시 대출금을 공정 상황에 맞춰 여러 번에 나누어 지급하겠다는 내용이 있습니다. 시공사가 돈만 받고 공사를 진행하지 않을 위험을 차단하겠다는 의미에서 당연한 장치입니다.

❿을 보면 시행사 시행권 포기각서, 시공사 책임 준공 확약서, 시행사 시행권 양도각서 등을 언급했어요. 이런 서류를 작성함으로써 미준공 위험을 헤지했음을 알 수 있습니다. 마지막으로 [부동산 권리분석]을 통해 신탁회사로 소유권이 넘어가므로 이 상품이 안전하다는 것을 보여줍니다.

만약 이 빌라가 완공 후 경매 처리된다고 가정하면 어떻게 될까요? 2017년 경기도 광주시의 다세대주택 매각가율을 살펴보니 77.5%입니다. 감정가인 20억 9,000만 원으로 계산하면 16억 1,975만 원이 산출됩니다. 이 상품의 총 대출 금액은 15억 8,000만 원이니 낙찰가격이 대출 금액을 뛰어넘음을 알 수 있어요.

▶ 결론

공정률이 아직 3% 밖에 되지 않는다는 것을 고려하면, 이 상품은 미준공 리스크를 완벽하게 방지하지는 못한 것으로 보입니다. 리스크 대비 수익률 또한 크게 높지 않고요. 하지만 PF 상품의 가장 큰 위험인 미준공 리스크를 줄이기 위해 시행권 포기, 시공사 책임준공, 시행권 양도 등 안전장치를 마련한 것이 큰 장점입니다. 또 부실이 발생하더라도 새로운 주체를 영입해 사업을 빠른 속도로 진행하겠다는 의지가 보인다고 할 수 있습니다.

PART 5

부동산 P2P 레벨 업!
② 부실채권 NPL

한번 빠지면 헤어 나올 수 없는
고수익 상품이 있다?

은행에서 담보대출을 받고 난 후 연달아 2~3회 원리금을 상환하지 못하면 담보로 내건 부동산이 경매에 넘겨집니다. 이를 부실채권 또는 'NPL(Non Performing Loan)'이라고 해요. NPL에 투자하는 상품은 예상 수익률이 연 14~18% 정도로 높아서 투자자를 모집하자마자 바로 마감될 때가 많습니다.

NPL 상품, 어째서 수익률이 높지?

그럼 NPL 상품의 예상 수익률이 높은 이유는 무엇일까요? 이것은 상품권을 통해 쉽게 이해할 수 있습니다. 백화점에 가면 상품권을 살 수 있죠? 하지만 요즘 세상에 백화점에 가서 10만 원짜리 상품권

나는 1만 원으로 부동산 한다

을 액면가 그대로 10만 원을 다 주고 사는 사람은 많지 않습니다. 다른 경로를 통해 얼마든지 더 저렴한 가격으로 살 수 있기 때문이죠. 명동 뒷골목에 있는 구둣방에 가거나 온라인 커뮤니티를 이용하면 10만 원짜리 상품권을 7만~8만 원에 살 수 있습니다. 상품권을 선물로 받았지만 쓰지 않아서 싼값에라도 처분하려는 사람들이 있기 때문입니다. 이런 방법을 통해 원래 상품권 가격인 10만 원보다 싸게 샀어도 백화점에 가면 얼마든지 그 상품권으로 10만 원어치 물건을 살 수 있습니다.

NPL 상품도 이와 비슷합니다. 부실채권이 된 부동산을 경매까지 끌고 가려면 1년 정도 시간이 걸립니다. 여기에 가격을 낮추지 않고, 원래 가치에 맞게 가격을 매기면 팔리지 않을 수 있겠죠. 바로 이런 이유에서 은행은 NPL 상품을 다소 저렴하게 시장에 내놓고 빠르게 처분하는 방법을 선택하는 것입니다.

4억 3,000만 원짜리 아파트가 대출 원리금 3억 원을 갚지 못해 NPL 상품으로 매각되었다고 예를 들어볼게요. 은행에서 이 아파트를 판매한다고 가정해봅시다.

시세 4억 3,000만 원 아파트, ○○은행 3억 원 대출

↓

은행이 채권최고액 3억 6,000만 원의 근저당권 설정

↓

원리금 상환 연체

↓

NPL 상품으로 분류

↓

NPL 매입 전문회사에 2억 7,000만 원에 매각

    NPL 매입 전문회사는 NPL을 사는 순간부터 수익을 기대할 수 있어요. 채권최고액이 3억 6,000만 원인 부동산을 2억 7,000만 원에 샀기 때문에 최대 9,000만 원의 이익을 확보한 셈입니다. 이를 수익률로 환산해보면 33.3%(3억 6,000만 원÷2억 7,000만 원)로 꽤 높은 수준입니다. 이때 이렇게 물어보시는 분이 있어요.

    "경매까지 가려면 1년 정도 걸리잖아요? 차라리 대출을 받아 NPL을 사면 어떻게 될까요?"

    위의 사례에서 33.3%라는 높은 수익률이 나올 수 있는 것은 온전히 자기자본으로 NPL 상품을 매수했기 때문입니다. 그렇다면 남의 자본을 빌려 투자하는 레버리지 전략을 활용한다면 수익률을 높일 수 있을까요?

레버리지, 잘만 활용하면 고수익도 가능해!

A가 아파트를 담보로 B에게 돈을 빌리면, B는 아파트에 대한 근저당권을 갖습니다. 그런데 B는 근저당권을 담보로 C에게 돈을 빌릴

수 있어요. 이때 C는 질권을 갖는다고 말합니다. B가 근저당권을 담보로 C에게 질권을 설정해주고 대출받는 것을 '질권대출'이라고 해요. 다른 말로 '유동화'라고도 하는데, 부동산 채권에 대한 권리를 현금화했다는 뜻입니다. 조금 어렵게 들리지만 구조는 어렵지 않아요.

NPL 상품에는 질권대출이 빈번하게 등장합니다. NPL 상품을 산 사람은 여기에 귀속된 근저당권을 담보로 대출을 받을 수 있어요. 이후 경매로 담보 부동산을 처분하고 법원에서 배당금을 받아 대출금을 갚는 거죠. 이 과정에서 NPL 상품 매수자에게 떨어지는 이익이 꽤 쏠쏠합니다.

만약 앞에서 예로 든 사례에서 NPL 상품의 근저당권을 담보로 은행에서 LTV 80%의 질권대출을 받는다면 어떻게 달라질까요? B가 채권최고액 3억 6,000만 원짜리 채권을 2억 7,000만 원에 샀습니다. 이때 B가 근저당권을 담보로 은행에 질권을 설정해주고 2억 7,000만 원의 80%에 해당하는 2억 1,600만 원을 질권대출받는 겁니다.

결과적으로 B가 NPL을 매입할 때 들어가는 자기 돈은 5,400만 원뿐입니다. 나머지 2억 1,600만 원은 대출로 충당할 수 있으므로 수익률이 166%(9,000만 원÷5,400만 원)로 껑충 뛰어오르는 거죠. 대략 1년 만에 얻는 수익률치고는 상당합니다.

하지만 이게 전부가 아닙니다. NPL을 가지고 있으면 P2P 플랫폼에서 후순위로 추가 대출을 받을 수 있어요. 처음부터 선순위로 P2P 플랫폼을 이용하는 투자자도 있고요. 2억 7,000만 원에 거래된 부실

채권이지만 권리를 행사할 수 있는 채권최고액은 3억 6,000만 원입니다. 이 점을 고려해 P2P 플랫폼에서는 '배당금담보 상품'이라는 새로운 구조를 통해 매입가인 2억 7,000만 원까지도 대출해줍니다. 이렇게 되면 자기 돈 없이도 투자할 수 있는 셈이죠. NPL 투자가 매력적인 이유가 바로 이 때문이랍니다.

은행과 P2P 플랫폼은 NPL을 어떻게 처분할까

NPL 상품이 이처럼 수익률이 높다 보니, '그럼 왜 은행이 직접 가져가지 않고 매각하는 걸까?' 하는 생각이 듭니다. 사실 은행 역시 NPL 상품을 경매까지 직접 끌고 가면 이익을 극대화할 수 있어요. 그런데도 은행이 매각하는 이유는 'BIS' 때문입니다.

'자기자본 비율'이라고도 하는 BIS는 금융기관의 건전성을 가늠하는 지표입니다. 은행이 BIS를 8% 이상 유지하지 못하면 재무 안전성이 떨어지는 것으로 간주되어 해외 차입이 어려워집니다. 높은 이자를 감수해야 하고요. 연체된 대출금의 비율(여신 비율)이 높아지면 BIS가 하락하므로, NPL을 빠르게 처분해 적정 수준의 BIS를 유지하려는 거죠.

은행은 NPL을 매각할 때 낱개가 아닌 덩어리로 묶어서 판매합니다. 예를 들면 한 번에 100개 혹은 100억 원어치 근저당권을 판매하는 겁니다. 거기에는 10억 원의 가치를 지니고 있지만, 5억 원에 살 수 있는 보물도 있고, 실제로는 회수할 가능성이 거의 없는 쓰레기나

나는 1만 원으로 부동산 한다

다름없는 것도 섞여 있을 수 있습니다. 어느 쪽이 되었든 은행은 이를 처분하고, 여기서 발생하는 수익이나 위험은 매수자가 부담하는 것이죠.

한편 제2금융권이나 P2P 플랫폼은 부실채권이 발생하면 직접 경매에 참여하기도 합니다. 하지만 대다수의 플랫폼은 NPL 매입 전문회사에 파는 쪽을 선호해요. 은행처럼 BIS 비율을 맞추어야 할 의무는 없지만, 한시라도 빨리 돈을 회수하고 싶어 하는 투자자들이 있기 때문입니다.

그런데 P2P 플랫폼은 은행과 달리 낱개로 처분합니다. 가지고 있으면 돈이 되는 것이 뻔히 보이는데 헐값에 매각할 이유가 없거든요. 그 때문에 대부분은 원금과 이자까지 모두 받고 매각합니다. 물론 플랫폼이 이렇게 해도 NPL 매수자 입장에서는 이득이 됩니다. 채권최고액까지 남아 있는 금액에 대한 연체이자만 회수하더라도 수익을 얻을 수 있기 때문입니다.

고수익과 안전성,
두 마리 토끼를 잡아라

NPL 상품이 고수익을 낸다는 것을 아는 투자자 중에는, 기대 이익이 큰 만큼 NPL 질권대출 상품에 안심하고 투자해도 괜찮으냐며 질문하는 분이 있습니다. 그런데 이런 질문은 묘목을 심고는 "자라서 아름다운 꽃을 피울까요?"라고 묻는 것과 같습니다. 묘목이 잘 자라서 예쁜 꽃을 피울 수도 있지만, 중간에 병충해에 시달려 죽어버릴 수도 있잖아요? 결국 시간이 지나봐야 결과를 알 수 있는 것입니다.

투자에서 100% 안전한 상품은 없습니다. NPL 질권대출 상품도 다른 상품처럼 위험을 안고 있어요. 우선 연체나 부실이 발생할 수 있습니다. 그런 경우에는 P2P 플랫폼이 NPL을 회수해서 직접 경매 시장에 내놓기도 하고, 다시 NPL 매입 전문회사에 매각하기도 하죠.

기본적으로 NPL 상품 투자는 경매 시장까지 가는 것을 전제로 합니다. 배당금을 받아 원금을 갚는 구조이므로 경매가 제대로 진행되어야만 해요.

그런데 만약 NPL이 채권최고액보다 낮은 가격에 낙찰된다면 어떤 일이 생길까요? 채권최고액보다 조금 낮은 정도라면 NPL 매수자의 수익이 조금 줄어들 뿐 다른 손실은 없습니다. 하지만 NPL을 매입할 때 지불한 금액보다 낮은 금액으로 낙찰된다면 투자자에게까지 불똥이 튈 수 있겠죠.

그 결과 NPL 매입자가 돈이 없다면서 원금도 제대로 상환하지 못하면 정말 골치 아파집니다. 일단 낙찰된 후에는 NPL에 귀속된 담보 부동산을 다시 가져와 다른 곳에 재매각할 수도 없거든요.

이 때문에 NPL 질권대출 상품의 공시 내용을 볼 때도 출구 전략을 꼼꼼히 살펴봐야 합니다. 플랫폼이 이 상품을 얼마나 잘 분석해 안전장치를 만들어두었는지 확인해야 합니다.

방어입찰과 낙찰자세팅 상품은 안전하다

담보물이 아파트라면 낙찰가격을 어림잡을 수 있습니다. 상품 공시에는 '법원 배당금을 통해 상환 재원이 확보되는 상품입니다'라는 설명이 있는 경우가 많은데, 이는 가장 일반적인 유형입니다. 문제는 근린 시설이나 토지, 공장 등입니다. 이들의 낙찰가격은 춤을 추는 경우가 많아요. 감정가의 50% 밑으로 떨어지기도 하므로 낙찰가격을 예측하기란 쉽지 않은 일이죠.

NPL 매수자나 P2P 플랫폼이 사전에 낙찰가격을 대략 파악할 수 있지만, 예측이 빗나갈 수도 있습니다. 그러므로 대출 원금보다 낮은 가격으로 낙찰될 가능성을 사전에 충분히 고려해야 합니다. 매수자가 없어 계속 유찰된다면 감정가격이 10억 원인 담보물이 결국 1억 원에 낙찰될 수도 있어요.

바로 이런 점이 NPL 투자의 가장 큰 맹점입니다. 자칫 감정가격과 채권최고액, 그리고 배당 금액 산정이라는 통계의 함정에 빠질 수가 있기 때문이죠. 그래서 노련한 P2P 플랫폼에서는 투자자를 보호하기 위해 아예 처음부터 손실을 막을 대비책을 세웁니다. 예를 들어 상품 공시 중 다음과 같은 내용이 있을 수 있어요.

❶ '방어입찰(유입)이 예정된 상품입니다. 예상 낙찰가는 00원 이상입니다. 예상 낙찰가보다 높은 금액으로 제3자 낙찰 시 상환 재원을 추가로 확보하게 되어 안전성이 높아지는….'
❷ '본 상품의 낙찰을 희망하는 낙찰자가 대기 중이며, 예상 낙찰 금액은 00원입니다.'

위의 내용이 있다면 저가 낙찰 리스크를 사전에 계산하고 대비한 상품이라고 할 수 있어요. 특히 ❶의 경우를 '방어입찰', ❷의 경우를 '낙찰자세팅'이라고 합니다. 방어입찰이나 낙찰자세팅 모두 투자자 입장에서는 원리금이 보장된다는 장점이 있지만 '원금 보장'이라는 표현은 사용할 수 없습니다.

차주에게 입찰하라는 조건을 거는 방어입찰

질권담보대출금이 2억 7,000만 원이라고 가정해볼게요. 매수가인 2억 7,000만 원까지 대출해주면서 대출 조건으로 차주에게 "2억 7,000만 원으로 입찰에 참여하세요"라고 요구할 수 있습니다. 그러면 아무리 낙찰가격이 떨어져도 이 금액 이하로는 떨어지지 않는 구조를 만들어둘 수 있어요.

"돈이 없어서 대출을 받았는데 그게 가능한가요?"

"실제로 낙찰을 받으면 그냥 유찰시켜버리는 거예요."

차주가 방어입찰 의무로 경매에 참여했다가 낙찰을 받더라도 경락잔금을 납부하지 않는 겁니다. 그러면 유찰되어 다시 경매에 넘겨지겠죠. 다음 회차에서 새로운 낙찰자를 찾을 수 있도록 시간을 벌고 기회를 만드는 겁니다. 낙찰가격이 일정 금액 이상이 되도록 만드는 것은, P2P 플랫폼뿐만 아니라 차주 입장에서 이익 극대화 전략인 셈이죠.

실제 낙찰받으려는 사람을 세워두는 낙찰자세팅

방어입찰은 유찰을 막고 시간을 벌기 위한 것이지만 낙찰자세팅은 실제로 낙찰받을 사람을 세워두는 전략입니다. 채권최고액이 3억

6,000만 원이라면 이 금액에 낙찰받을 사람을 미리 대기하게 해놓고 경매를 진행하는 것이죠. 이렇게 하면 특정 금액 이하로 낙찰될 가능성을 상품 기획 단계에서 아예 제거해버릴 수 있습니다. 안전성 관점에서 가장 매력적인 상품이라고 할 수 있어요.

그러면 P2P 상품 투자자 입장에서는 방어입찰과 낙찰자세팅 중 어느 것이 유리할까요? 경우마다 다르지만 대체로 방어입찰된 상품의 수익률이 더 높습니다. 낙찰자세팅은 유찰 가능성이 없어서 안전성이 높고 투자금을 일정대로 차질 없이 회수할 수 있어요. P2P 플랫폼에 대출을 신청하는 사람은 이 점을 내세워 플랫폼과 금리를 놓고 협상합니다.

공시 내용을 꼼꼼하게 보는 것을 잊지 마라

P2P 플랫폼은 이외에도 다양한 방법으로 안전장치를 만들기도 합니다. 공시 내용 중 '배당일에 직접 수령해 상환합니다'라는 내용이 있습니다. 차주가 배당금을 받고도 대출금을 상환하지 않을 가능성을 차단하기 위해 경매가 끝나면 P2P 플랫폼이 직접 배당금을 받아 오는 겁니다.

"추가 안전장치 확보를 위해 대출 고객(법인)의 대표이사 연대보증을 확보했습니다."

나는 1만 원으로 부동산 한다

상품 공시에 이와 같은 내용이 포함된 경우가 있습니다. 이 말은 문제가 생기면 차주가 자기 돈으로라도 원금을 상환하겠다는 뜻입니다. 하지만 차주의 다른 자산에 가압류라도 걸어두었다는 뜻은 아닙니다.

대출을 많이 받아 수익률을 높이는 것도 중요하지만, 그렇다고 자신의 자산을 오픈한 채 담보로 내놓을 가능성은 적습니다. 선순위 대출금과 후순위 대출금을 모두 합쳐 액수가 크지 않다면 차주가 정말로 자기 돈으로라도 원금을 상환할 가능성이 조금은 있겠지만, 대출 액수가 크면 감당하기 어려울 수도 있습니다. 그러니 이 말을 크게 믿지는 말고, 없는 것보다 조금 낫다는 정도로 이해하는 것이 좋아요.

NPL 상품 역시 중요한 조건은 공시 내용에 나와 있으니 투자하기 전 꼼꼼하게 보는 습관을 들여야 합니다. 다음에 이어지는 두 가지 실제 사례는 흔한 케이스는 아닙니다. 하지만 어떻게 안전장치를 확보하는지 공부하기에 좋으니 차근차근 읽어보세요.

사례 1 : 경매까지 가지 않고 매수자를 확보하는 경우

공장에 대한 NPL 질권대출 상품이 있습니다. 연 수익률 14%인 이 상품의 공시 내용에는 이런 부분이 있었습니다.

"해당 부동산은 현재 기업 매각(M&A) 진행 중입니다. 본 부동산의 매수를 희망하는 매수 법인과 인수양해각서(MOU)를 체결했습니다. 이행보증금이 예치

되어 결렬 가능성은 낮다고 판단됩니다. '매수자가 대기 중인 상태로 경매를 통한 환가가 아닌 부동산 매각을 통해 채권 전액 회수 가능한 출구 구조가 마련된 안전성 높은 상품입니다."

무슨 말인지 모르겠다고요? 하나하나 따져봅시다. 우선 '환가'란 말은 현금화를 의미합니다. '경매를 통한 환가'라는 말은 경매 시장에 넘겨 현금을 확보한다는 뜻이죠. 그런데 이 상품은 NPL 상품을 처리하는 일반적인 방식인 경매에 넘기지 않고 공장을 인수 희망자에게 매각하겠다고 되어 있습니다. 그래서 인수 희망자와 양해각서를 체결했다고 나와 있죠.

사실 양해각서는 법적 구속력을 지닌 계약이 아닙니다. 언제라도 깨질 가능성이 있어요. 다만 이 상품은 이행보증금을 예치했다고 밝히고 있습니다. 쉽게 말해 인수 희망자가 공장을 인수할 의사가 있어 일정한 돈을 예치했다는 뜻이죠. 매수 자금을 이미 마련한 상태란 것에서 협상이 마무리 단계에 접어들었으므로 매수자의 매수 의지 또한 높은 것으로 해석할 수 있고요. 그렇기 때문에 P2P 플랫폼에서는 이 상품을 안전하다고 판단한 것입니다. 이처럼 경매에 넘기기 전에 매각하는 방식의 상품도 얼마든지 나올 수 있다는 사실을 알아두세요.

사례 2 : 보상금을 받고 빠져나오는 경우

이번에는 산업 단지를 조성하기 위해 수용되는 토지의 NPL 질권대

나는 1만 원으로 부동산 한다

출 상품입니다. 이 상품의 연 수익률은 14%입니다.

> "대출 고객은 해당 부동산의 보상을 받을 권리를 소유하고 있습니다. 출구 전
> 략으로는 토지 보상금으로 상환 재원을 마련해 빠져나올 예정입니다."
> "토지 보상 마무리 단계에 있습니다."

산업 단지를 조성하기 위해 수용되는 토지라면, 소유자가 거부해
도 강제로 수용할 수 있습니다. 사업 시행자가 보상가격을 공탁하고
토지를 수용할 수밖에 없는 것이죠.

막판에 변수가 생길 가능성이 있으므
로 이 상품은 낙찰자세팅처럼 위험에 완
전히 대비한 상품은 아닙니다. 하지만
정황상 100%는 아니어도 높은 안전성
을 확보한 상품이라는 것을 알 수 있어
요. 이처럼 퍼즐 조각을 찾듯이 공시 내
용을 꼼꼼히 살펴 투자 타당성 여부를
판단하는 연습이 중요합니다.

> **TIP**
>
> **공탁**
> 금전·유가증권·기타 물품을
> 공탁소(은행 또는 창고업자)에
> 맡기는 것을 말한다. 채무를
> 갚으려고 하나 채권자가 이를
> 거부하거나 채권자가 누군지
> 알 수 없는 경우, 상대방에 대
> 한 손해배상을 담보하기 위한
> 경우, 타인의 물건을 보관하기
> 위한 경우 공탁을 하게 된다.

질권대출 금액과 등기부등본의 채권최고액이 같지 않다면
농협협동조합에서 토지를 담보로 2억 원을 대출받았다가 NPL이 되
어버린 것을 1억 8,000만 원에 매입했다고 해봅시다. 이런 경우 채

권최고액은 원금의 130%를 적용한 2억 6,000만 원이 됩니다. 만약 NPL 매수자가 근저당권부 질권대출로 1억 4,400만 원을 대출받았다면 여기에도 당연히 근저당권부 질권이 형성되겠죠.

그런데 이때 근저당권부 질권대출에 대한 채권최고액을 새로 설정하지는 않아요. 원래 채권최고액인 2억 6,000만 원을 그대로 기록하는데, 이유는 간단합니다. NPL로 얻는 이익의 최대치는 '원래 대출금의 채권최고액'에서 'NPL 매수가격을 뺀 금액'입니다. 따라서 중간에 NPL을 이용해 어떤 식으로 대출을 받았든, 등기부등본상의 채권최고액이 그대로 기준이 되는 것이랍니다.

경매 vs 공매 vs 신탁공매, 차이가 무엇인가요?

경매는 법원이, 공매는 자산관리공사(KAMCO)가, 신탁공매는 신탁회사가 부동산을 공개적으로 매각하는 것입니다. 좀 더 구체적으로 말하면 경매는 법원이 담보를 매각해 채권자의 돈을 찾아주는 것이고, 공매는 대개 세금 체납 등을 이유로 강제로 자산을 매각하는 것을 말해요. 신탁공매는 신탁회사가 부동산을 처분하는 정도로만 알아둬도 충분합니다.

나는 1만 원으로 부동산 한다

실전에서 만나는
NPL 상품 공시 완전 분석

NPL 질권대출 상품은 경매와 밀접한 관련이 있습니다. 경매 용어에 익숙하지 않다면 상품 공시가 외계어처럼 느껴질 수 있어요. 그렇지만 직접 경매 시장에 뛰어드는 것은 아니기에 부동산 P2P 상품 공시에서 사용하는 일부 용어만 알면 됩니다. 몇 번만 보면 이내 익숙해질 겁니다.

그럼 지금부터 실제 P2P 플랫폼에서 내놓은 상품 공시를 하나하나 분석하며 살펴볼게요. 중간에 막혀도 건너뛰지 말고 차근차근 읽으며 익숙해지는 것을 목표로 삼아보세요.

나는 1만 원으로 부동산 한다

〈상품 분석〉 ☆☆플랫폼 NPL 부동산담보부 채권

상품 종류   근저당권부 질권대출
대출 금액   8,000만 원
대출 금리   연 16%
대출 기간   12개월
대출 실행 예정일   2017년 9월 7일
상환 방식   만기 일시 상환
          ※ 투자원금 상환 예정일은 2018년 9월 10일입니다.
대출 목적   NPL 채권 매입 운용 자금(❶)
담보물   경기도 평택시 △△면
상환 재원   경매배당금

[투자 포인트]

본 상품의 대출자는 민법 제480조에 의거 채무자를 대신해 채무를 변제하고 구상권을 취득한 여성이며, 선순위 근저당권부 질권대출에 이은 추가 근저당권부 질권대출입니다.(❷)

경매배당으로 투자 수익금을 회수하는 NPL 채권의 특성상 대출 기간은 12개월로 예상하나, 실제 경매 진행 시 예상 대출 기간 이전에 낙찰된다면 조기에 상환될 수 있습니다.

※ 대위변제란?

대위변제는 제3자가 채무자 대신 채무를 변제하고 구상권(남을 대신해 빚을 갚아준 사람이 다른 연대 채무자나 주된 채무자에게 그만큼의 재산 보상을 요구할 수 있는 권리)을 취득하게 되어 채권자의 권리를 승계받는 것입니다.

소재지	경기도 평택시 △△면 □□리 다세대주택 8세대(❸)
법원 감정가	1,508,000,000원(❹)
처분 방식	토지/건물 일괄 매각
용도	다세대주택
용도 지역	계획 관리 지역
면적	건물 연면적 569.36㎡, 대지 면적 703㎡
개별	공시지가 건물 920,000,000원, 토지 271,100원/㎡
	(2017년 1월 기준)
입찰 방식	일반 경쟁(최고가 방식)

[경기도 평택시 인근 낙찰 통계](❺)

해당 물건 지역의 용도를 바탕으로 나온 통계입니다.

(2017년 8월 24일 기준)

통계 기간	낙찰 건수	총 낙찰 감정가	총 낙찰가	낙찰가율	총 응찰자 수
최근 6개월	58건	5,452,500,000	4,238,356,800	77.73%	240명
최근 12개월	114건	12,309,500,000	9,221,396,378	74.91%	434명

[예상 배당표]

예상 낙찰가	11억 717만 3,600원(예상 낙찰가율 73.42%)(❻)
경매 비용	1,660만 7,604원, 최우선변제금 1,500만 원(❼)
1질권자 배당금	7억 7,000만 원
2질권자(P2P 플랫폼) 배당금	8,000만 원
잔여 배당금	2억 2,556만 5,996원

[대출 신청 목적]

본 상품의 담보물은 수원지방법원 평택지원 경매4계에서 경매 진행 예정인 물건으로, 경매 개시 결정 일자는 2017년 7월 13일이며, 배당요구종기일은

2017년 10월 2일로 예정되어 있습니다.(❽)

대출 금액으로 대출자는 대출담보물에 설정된 근저당권부채권을 대위변제를 통해 취득한 채권에 대한 운용 자금입니다.

[투자자 보호 방안]

담보 목적물 소개

본 상품의 담보물은 경기도 평택시 고덕면에 소재한 다세대주택으로, 수원지방법원 평택지원에서 의뢰한 경매 목적을 위한 감정평가는 우리감정평가법인 경기남부지사에서 이루어졌으며, 그 감정가격은 약 15억 원입니다.(❹-1)

담보물 주위는 다세대주택, 단독주택, 근린생활시설, 학교, 농경지 등이 소재하는 주거 지역으로, 본 담보물까지 차량 접근이 가능하고 인근에 버스 정류장이 소재해 제반 입지 조건은 좋은 담보물입니다. ☆☆플랫폼은 부동산 거래 등의 임장 활동을 통해 해당 물건지의 감정가격을 법원 감정가와 동일하게 책정했습니다.(❹-2)

질권설정등기 및 우선배당동의서(❾)

대출 금액의 130%를 채권최고액으로 하여 근저당권부 질권설정등기 예정이며, 채무자에게 우선배당동의서를 미리 받아 법원에 제출해 법원으로부터 직접 배당금을 수령하는 데 이상 없도록 조치할 예정입니다.

[종합 심사 의견]

본 상품의 담보물은 경기도 평택시에 위치한 다세대주택으로, 담보물 주위는 다세대주택, 단독주택, 근린생활시설, 학교, 농경지 등이 소재하는 주거 지역입니다. 임의경매를 위한 법원 감정가격은 1,508,000,000원으로 확인되었습니다. 담보물 남쪽으로는 고덕국제신도시가 개발 중이며, 북측 지역은 평택진위 산업 단지와 오산세교 택지 개발이 이루어지고 있어 제반 입지 조건 및 앞으로의 투자가치가 매우 높은 지역입니다.

☆☆플랫폼은 경매 데이터 분석 및 임장 활동으로 본 담보물의 낙찰가율을 최근에 경매에서 낙찰된 같은 빌라의 낙찰가율인 73.42%(❻-1)로 책정했습니다.

본 상품의 대출자는 수원지방법원 평택지원 경매4계에서 진행 예정인 경매사건의 담보 목적물에 설정된 근저당권부채권을 대위변제를 통해 취득한 후 운용 자금 목적으로 대출을 신청했습니다. 경매 결과 예상 낙찰가율 이상으로 낙찰이 된다면 1순위 근저당권부채권의 배당 금액으로 본 대출 상품의 투자 금액을 회수하는데 크게 문제가 없다고 판단됩니다.

본 대출은 대출 심사일 기준으로 배당요구종기일이 도래하지 않았으나, 2017년 7월 25일 법원 집행관의 현황보고서와 각 세대별 임대차계약서에 의하면, 총 8세대 중 최우선변제에 해당되는 소액 임차인은 1세대로 확인되었으며 우선 배당을 받는 금액은 15,000,000원입니다.(❼-1) 그리고 예상대로 낙찰이 된다면 경매 관련 비용 등 모든 선순위 배당금과 ☆☆플랫폼 대출 대상 근저당권부채권에 대한 배당금을 제외하더라도 약 2억 2,000만 원의 잔여 배당금이 발생하고, 130%의 근저당권부질권설정과 별도로 대출자에게 우선 배당동의서를 미리 받아 법원에 제출해 배당금 수령에는 이상이 없도록 조치했습니다.

이에 해당 물건의 부동산 권리분석상 하자가 없어 본 채권 심사를 승인합니다.

나는 1만 원으로 부동산 한다

가장 중요한 것은 원리금 회수!

어떤 투자 상품이든 '돈을 빌려준다면 제대로 받을 수 있을까?'를 기억하는 것이 가장 중요합니다.

▶ STEP 1 : 대출 목적과 채권 순위 확인하기

❶에서 확인할 수 있는 대출 목적은 이렇습니다. "NPL 채권을 사려고 근저당권부 질권대출을 받는 거예요. 대출금은 경매 배당금을 받아서 갚을게요."

한편 ❷에는 추가 근저당권부 질권대출이라고 되어 있습니다. 이를 통해 2질권자, 즉 후순위 채권자라는 사실을, ❸을 통해 다세대주택 8채가 한꺼번에 묶인 상태임을 알 수 있어요. 여기서 '대위변제를 통해…' 등이나 차주가 여성이란 사실은 그다지 중요하지 않습니다. NPL을 어떻게 취득했는지는 P2P 투자자와는 상관없는 내용이며 성별에 따라 원리금 상환 여부가 달라지는 것이 아니기 때문이죠. 따라서 저런 설명은 '그렇구나' 정도로 이해하고 넘어가도 무방합니다.

▶ STEP 2 : 경매 진행 상황 살펴보기

[상품 종류]에 대출 기간이 12개월로 되어 있습니다. 보통 경매를 신청하면 마무리되기까지 1년 정도 걸립니다. 따라서 대출 기간이 12개월이라는 것은, 경매가 이제 막 진행되려 하거나 아직까지 진행되지 않고 있다는 것을 의미하죠. 이렇게 기간이 긴 상품은 안전성이

떨어질 가능성이 있습니다. 중간에 경매가 취소되면 배당금을 받아 대출금을 갚아야 하는데, 배당금으로 상환받는 출구 전략 하나가 사라진 셈이거든요. 이처럼 기간이 긴 경우에는 NPL 상품이라기보다는 담보대출 상품으로 판단하고 공시 내용을 보는 것이 더 낫습니다.

대출이 필요한 이유에 대해서는 ❽에서 설명하고 있습니다. '경매 진행 예정인 물건으로'라고 되어 있고, 여기서도 아직 경매 진행 단계가 아닌 예정 상품이란 것을 확실히 알 수 있네요.

'경매 개시 결정 일자는 2017년 7월 13일이며, 배당요구종기일은 2017년 10월 2일로 예정되어 있습니다'에서, 배당요구종기일이란 배당을 요구할 수 있는 마지막 날을 가리킵니다. 채권자는 이날까지 신청해야 배당을 받을 수 있어요. 물론 P2P 투자자가 직접 법원에 가서 배당을 받는 것이 아니므로 배당요구종기일은 여기서 그다지 중요한 내용이 아닙니다.

▶ STEP 3 : 담보물 시세 꼼꼼히 확인하기

❹에서 법원 감정가액이 15억 800만 원, ❹-1에서는 감정평가회사의 감정가액이 15억 원으로 적혀 있습니다. ❹-2를 보면 플랫폼에서 확인한 감정가액은 법원과 동일하다고 되어 있고요. 계속 강조하지만 담보물의 시세 확인은 매우 중요합니다. 앞서 살펴본 방법을 활용하면 상품 공시에 나온 시세가 정확한지 알 수 있어요.

이때 시세를 계산한 뒤 재미있는 현상을 발견할 수 있습니다. 바

나는 1만 원으로 부동산 한다

로 법원의 감정가액이 약간 높다는 점입니다. 경매 물건의 경우 감정 평가사들이 시세보다 조금 높게 가치를 책정하기 때문입니다.

일반적으로 경매 물건의 법원 감정평가는 첫 매각 기일 6개월 이전에 이루어집니다. 그러므로 법원 감정가액은 지금 시점에서 최소 6개월 전 시세라는 말이 됩니다. 그 시점에서 법원 감정가액이 시세보다 낮게 책정되면 소유자가 이의신청을 하는 빌미를 줄 수 있어요. 부당하거나 부적절하다고 판단되면 소유자가 경매 개시 결정에 대한 이의를 신청할 수 있거든요. 이것이 받아들여지면 매각 절차가 지연되면서 골치 아픈 상황이 생길 가능성이 높습니다. 그러므로 통상적으로 시세보다 조금 높게 감정해 소유자가 이의신청할 가능성을 최대한 없애버리는 겁니다.

참고로 감정가격보다 높은 가격에 낙찰되는 것은 부동산 경기가 좋을 때입니다. 평가한 시점보다 시세가 올라갔을 때 낙찰가격이 높게 형성되죠. 하락장일 때는 반대 현상이 나타나고요.

유사한 물건의 경매 낙찰가격을 찾아보는 것도 시세를 확인하는 방법입니다. 굿옥션(www.goodauction.com)이나 지지옥션(www.ggi.co.kr), 탱크옥션(www.tankauction.co.kr) 같은 유료 경매 사이트나 네이버 부동산 경매 등 무료 경매 사이트에서도 검색할 수 있어요.

▶ STEP 4 : 실제 대출 금액 확인하기

NPL 질권대출 역시 핵심은 '내가 투자한 순위에서도 원리금 회수가 가능한가'를 따져보는 것입니다. 그러기 위해서는 실제 대출 금액을 확인해봐야겠죠. 공시 내용 중 어디에 있나 찾아보니 [예상 배당표]에 '1질권자 배당금 7억 7,000만 원, 2질권자(P2P 플랫폼) 배당금 8,000만 원'이라고 나와 있네요. 따라서 해당 NPL 질권대출의 대출 총액은 1순위 질권자와 2순위 질권자의 배당금을 합한 8억 5,000만 원이라는 것을 알 수 있습니다. 그러면 낙찰가격이 '8억 5,000만 원+기타 경비' 이상이 되어야만 손해가 발생하지 않겠죠.

▶ STEP 5 : 예상 낙찰가격 확인하기

❺를 살펴보면 최근 6개월간의 낙찰가율이 77.73%, 12개월간의 낙찰가율은 74.91%로 나와 있습니다. 하지만 ❻을 보면 플랫폼이 예상 낙찰가율 73.42%를 도입해 낙찰가격을 11억 717만 3,600원으로 계산하고 있어요. 왜 그랬는지는 ❻-1에서 밝혔습니다. 최근 경매 처리된 같은 빌라의 매각가율이 평균치에 못 미치는 73.42%였기 때문입니다.

▶ STEP 6 : 투자자 보호 방안과 출구 전략 확인하기

일반적으로 배당금에서 세금과 경매 비용 등 우선적으로 제하는 금액은 부담스러운 수준이 아닙니다. 그런데 이 상품에서는 ❼을 보면 최우선변제금 1,500만 원이 있는 것을 볼 수 있어요. 그 이유는 ❼-1이 설명하는 것처럼 소액 임차인이 있기 때문이죠. 소액 임차인은 보증금이 일정 금액보다 적은 임차인을 말합니다. 지역마다 보증금의 기준이 다른데, 사회적 약자로 간주해 배당에 있어 우선순위를 부여합니다.

따라서 경매 배당금은 경매 비용, 최우선변제금, 1질권자 배당금, 그리고 P2P 투자자 순으로 받습니다. 이 모든 비용을 더한 금액보다 낙찰가격이 높아야만 P2P 투자자가 손실을 입지 않겠죠.

[투자자 보호 방안]에 특이한 사항은 없습니다. ❾의 질권설정등기는 당연히 해야 하는 것이고, 우선배당동의서도 당연히 받아야겠죠. 우선배당동의서란 NPL 매수자보다 P2P 플랫폼이 먼저 배당금을 받기 위한 장치입니다.

▶ 결론

P2P 플랫폼이 예상한 대로 11억 원 정도에 낙찰되면 안전하게 빠져나올 수 있는 상품입니다. 그게 아니더라도 감정가가 15억 원 정도니 모든 비용을 더한 8억 8,000만 원까지는 내려가지 않을 것으로 보입니다. 무난한 NPL 상품이라고 결론지을 수 있죠. 낙찰가격이 일관성 없는 토지라면 이렇게 판단하기 어렵겠지만, 가격이 낮으면 사려는 수요자가 많은 주거용 건물이라 가능한 판단입니다.

자주 사용하는 경매 용어가 궁금해요

• 강제경매

법원의 판결 등에 따른 이행 청구권을 실현하는 절차예요. 해당 부동산을 담보로 잡고 있지 않았어도 채권자가 소송을 걸어 강제적으로 경매를 집행할 수 있습니다. 대개 신용대출 등의 원리금을 갚지 않았을 경우 강제경매가 개시됩니다.

• 개별경매

다수의 부동산에 대해 동시에 경매가 신청된 경우가 있어요. 이때는 부동산별로 가격을 정해 매각하는 것이 원칙입니다. 하지만 일부 부동산을 팔아 받은 대금으로 모든 채권자의 채권액과 집행 비용을 갚을 수 있다면, '과잉매각금지원칙'에 따라 다른 부동산의 매각은 허용되지 않습니다. 다만 여러 부동산을 일괄 매각하는 것이 타당하다고 판단될 경우에 법원이 일괄 매각으로 결정할 수 있어요.

• 최우선변제금

채권의 우선순위와 상관없이 배당받을 수 있는 돈입니다. 임차인의 소액보증금 중 일정 금액(지역과 말소기준등기일에 따라 다름)과 근로자의 일부 임금 및 퇴직금 등이 해당됩니다. 단, 소액 임차보증금 중 일정 금액은 경매 개시 결정일 전에 전입신고를 마친 임차인의 배당 요구 신청이 있어야 해요.

• 경매 개시결정

채권자가 충분히 합당한 이유로 경매를 신청했다고 판단되면 법원은 경매절차개시결정을 내립니다. 그러면 해당 부동산의 등기부등본에 관할 법원과 사건 번호, 채권자 등이 기록되죠. 경매 개시결정이 채무자에게 전해지거나, 혹은 경매 신청기입등기일 중 빠른 날부터 압류 효력이 발생합니다. 이는 채무자가 그 부동산에 새로운 담보권을 설정하거나 마음대로 처분할 수 없다는 것을 의미합니다.

후순위와 NPL,
야무지게 구별하자

근저당권부 질권대출이 모두 NPL 상품인 것은 아닙니다. 제가 칸TV에서 질문을 많이 받은 아파트 후순위 담보 상품 중 다음과 같은 상품이 있었습니다.

〈상품 분석〉☆☆플랫폼 아파트 후순위 담보 상품

모집 금액	2,100만 원
연 수익률	13.4%
투자 기간	12개월
상환 방식	만기 일시 상환

나는 1만 원으로 부동산 한다

[담보물 개요]

주소　　　　　전라북도 ○○시 ○○구 ○○동 ○○아파트

담보 유형　　　후순위 부동산담보(❶)

[부동산담보물 상세 정보]

대출 목적　　　대출자(여신회사)는 모집된 금액을 자금 유동화에 사용할 예
　　　　　　　정입니다.

상품 구조　　　근저당권부 질권설정(❷)

※ 근저당권부 질권대출이란, 대출자(여신회사)(❸)가 원채무자의 담보물에
설정한 근저당권을 담보물권으로 하는 대출 형태입니다.

대출 프로세스는 다음과 같습니다.

1. ☆☆플랫폼에서 다수의 투자자에게 투자금을 모집합니다.

2. 투자금 모집이 완료되면 ☆☆플랫폼이 대출자의 근저당권에 질권을 설
정한 후 대출을 실행합니다.

3. 대출자가 ☆☆플랫폼으로 원리금을 상환합니다.

4. 회수한 원리금을 ☆☆플랫폼이 각 투자자의 투자 비율에 따라 분배합
　니다.

대출 원금의 130%를 채권최고액으로 설정합니다.

채권 부실 시 NPL 매입 전문회사에 채권 매각 또는 직접 경매를 통해 원리
금을 회수합니다.

　　담보 유형은 후순위 부동산담보인데(❶), 상품 구조(❷)에는 근저
당권부 질권설정이라고 명시되어 있으니 NPL 상품이 아니냐는 질

문이 많았습니다. 과연 이 상품은 NPL 상품이 맞을까요?

근저당권부 질권대출이라고 모두 NPL 상품인 건 아니야!

내 집을 사고 대출을 받으면 금융기관이 1순위 근저당권을 설정합니다. 같은 집을 이용해 또 다른 담보대출을 받으면 2순위 근저당권이 설정되고요. 그렇다면 근저당권부 질권대출은 대체 누가 받을 수 있는 것일까요?

당연히 근저당권을 가진 주체가 이를 담보로 근저당권부 질권대출을 받을 수 있습니다. 이를 통해 알 수 있는 것은, 이 대출 상품은 아파트 소유자가 신청한 대출이 아니라는 사실입니다. 근저당권에 대출을 신청할 수 있는 주체는 돈을 빌린 쪽이 아닌, 빌려준 쪽이 됩니다. ❸을 보면 대출 신청자의 정보가 나오는데, 여신회사라고 되어 있습니다. 여신회사란 돈을 빌려주는 회사입니다. 금융기관이라면 돈이 한곳에 묶여 있지 않고 계속 돌아야 더 큰 이익을 얻을 수 있어요. 부실이 나지 않는 선에서 최대한 여러 주체에게 돈을 빌려주고 이자 수익을 얻는 편이 유리합니다.

결국 이 상품은 근저당권을 보유한 여신회사가 대출 약정기간이 끝나지 않아 대출금을 회수할 수 없는 근저당권을 현금화하기 위해 구성한 것임을 알 수 있습니다. 이런 경우 부실채권과는 전혀 관계가 없습니다. NPL은 원리금을 상환하지 못하는 부실채권이라고 했으니, 이 상품은 NPL 상품이 아닌 것이죠.

나는 1만 원으로 부동산 한다

근저당권부 질권대출이라고 되어 있는 부동산 후순위 담보대출 상품은 거의 이런 구조입니다. 근저당권부 질권대출이 곧 NPL 상품은 아니라는 점을 기억해두세요.

부동산 P2P로
상가 투자 도전하기

경매를 잘 모르는 투자자라도 일반적인 아파트 담보대출 상품은 판단하기가 그리 어렵지 않습니다. 매각가율 통계를 이용하면 대강의 낙찰 금액을 예측할 수 있거든요.

그러나 상가나 토지라면 이야기가 달라집니다. 이들은 일반 아파트와 달리 낙찰가격이 일정하지 않습니다. 그 때문에 경매가 진행되는 법원에 가보면, 근린상가나 토지 등은 고수의 영역이라고 여겨서 대체로 경쟁률이 높지 않아요. 실제로 경매 고수들이 달려들어 원하는 방향으로 끌고 가기 위해 유찰시키는 일도 흔합니다.

따라서 P2P 플랫폼이 상품 공시에서 단순하게 "이 물건은 이러이러해서 괜찮습니다"라는 식으로만 설명하면 투자자 입장에서는 막

나는 1만 원으로 부동산 한다

막할 수 있어요. '묻지 마 투자'와 비슷해질 수도 있고요. 그러므로 상가나 토지에 투자할 생각이라면 방어입찰 또는 낙찰자세팅 상품이 좀 더 유리한 구조가 됩니다. 투자자 입장에서는 원리금을 회수하고 빠져나올 수 있는 상품인지 가늠이 되기 때문이죠. 또 차주 입장에서도 혹시 모를 저가 낙찰 위험을 사전에 걷어낼 수 있으니 서로에게 이득이 될 수도 있습니다.

이런 점을 고려하면서 실제 상품의 공시 내용을 살펴볼게요. 아래는 2017년 11월 초에 판매된 상품입니다.

〈상품 분석〉 ○○펀드 상가 건물 NPL 담보채권 상품

[투자 상품 요약]

모집액	1억 5,000만 원
이자율	연 16.00%
대출 기간	8개월
상환 방법	원금 만기 일시

충청남도 △△시에 위치한 부동산에 대한 1순위 근저당권에 대한 2순위 근저당권부 질권에 투자하는 상품입니다.(❶)

대출 고객은 1순위 근저당권을 할인해 계약을 체결했으며, 이를 위해 1순위 질권대출 원금 16억 원을 금융기관에서 대출받았습니다.

본 부동산의 법원 감정평가액은 34억 6,000만 원이며(❷) 차주나 차주의 관계사가 20억 원 이상으로 입찰에 참여할 예정(❸)으로 이미 입찰보증금 일

부를 기표일 전에 예치할 예정입니다. 또 차주 대표이사의 연대보증, 수익금 별도 유보 등(❹) 상환 안전성을 확보하기 위한 추가적 보호 장치를 설정했습니다.

자금 목적	NPL 매입을 위한 자금
채권보전 및 신용보강	차주 대표이사 연대보증
	근저당권부 질권 130% 설정
	차주로부터 우선 배당동의서 징구

차주와의 질권대출약정서 및 질권설정계약서 체결을 통한 2순위 질권설정 (특약 : 상환 기간 도래 2개월 전까지 입찰에 참여하지 않거나, 입찰 금액이 20억 원 이상이 되지 않는 경우 기한이익상실 사유가 됨) (❺)

[근저당권 설정자에 대한 질권설정 통지]

인출 선행 조건	경매 입찰보증금 일부를 1순위 질권자인 금융기관에 예치

[투자 구조 분석]

먼저 NPL 매입 전문회사가 NPL 소유자인 금융기관에서 NPL을 할인하여 매입할 목적으로 ○○펀드에 대출을 신청합니다. ○○펀드는 대출을 실행하기 전 해당 NPL의 매력도와 안전성을 면밀하게 심사한 후 대출을 실행합니다. 동시에 근저당권부 질권을 설정해 안전성을 확보합니다.

차주는 NPL을 매입한 후, 경매에 참여해 상환 재원을 마련하고 ○○펀드는 법원에서 배당금을 직접 지급받아 원금을 상환하게 됩니다.(❻) 또 차주가 매달 납입해야 하는 대출 이자와 별도로 3개월간의 수익금을 유보하고 자금 관리 별도 계좌에 보관해 연체 리스크를 낮췄습니다.(❼)

[NPL 분석]

본 투자 상품의 사업지는 충청남도 △△시 ◇◇구에 위치한 상가 건물로, 대형 아파트 단지들이 주변을 둘러싸고 있어 상가로서의 수요력을 충분히 받쳐주는 지역입니다.

현재 건물의 공실이 거의 없어 향후 상가에 대한 수요가 지속적으로 있다고 판단했습니다. 본 상가는 <u>2015년 20억 8,000만 원에 매매(❽)</u>되었으며, <u>차주나 차주의 관계사는 20억 원 이상으로 입찰에 참여할 예정입니다. 이와 별도로 제3자가 더 높은 금액으로 입찰했을 경우 상환 여력은 더욱 커지게 됩니다.(❾)</u>

감정평가액   3,460,000,000원 / 예상 낙찰가격 2,000,000,000원
선순위 비용   16,000,000원 / 1순위 질권 1,600,000,000원
             ○○펀드 150,000,000원
예상 낙찰가격 기준 잔여 금액 234,000,000원

[투자자 보호 장치]

1. 차주의 경매입찰보증금 예치

차주가 경매 절차에 참여할 때, 상환 가능액 이상으로 입찰에 참여할 예정입니다. 이에 대한 책임성을 확보하기 위해 경매입찰보증금을 기표 전 예치할 예정입니다. 또 상환 기간 도래 2개월 전까지 입찰에 참여하지 않거나 입찰 금액이 20억 원 이상이 되지 않는 경우, 기한이익상실 사유가 되어 NPL 채권추심 절차가 이루어지게 됩니다.

2. 법원에서 배당금 우선 선취

우선배당동의서 징구를 통해 법원으로부터 배당금을 우선적으로 수취합니다. 이때 ○○펀드는 배당금을 법원에서 바로 수령함으로써 배당금이 별도

의 플랫폼이나 기관을 거치며 발생할 수 있는 리스크를 해소했습니다.(❿)

3. 연대 보증 및 수익금 연체 리스크 안전성 강화

대출금에 대한 상환 안전성을 확보하기 위해 차주 대표이사의 연대보증을 설정했습니다. 또 수익금이 연체되는 리스크를 낮추기 위해 매달 납입해야 하는 수익금과 별도로 3개월의 수익금을 유보하고 자금 관리 별도 계좌에 보관합니다. 이를 통해 수익금이 입금되지 않는 리스크를 낮추었습니다.

[상환 시나리오 분석]

본 상품은 다양한 보호 장치를 통해 조기 상환 가능성을 높인 상품입니다. 각각의 시나리오에 따른 조기 상환 가능성을 미리 숙지해주세요.

시나리오 A

법원 경매 절차에 따라 8개월 후 정상적으로 투자금과 수익금을 상환받습니다. 투자 기간인 8개월 내에 차주나 차주의 관계사가 20억 원 이상으로 낙찰을 받고 법원에 잔금을 납입하게 됩니다. ○○펀드는 이후 직접 법원에서 배당금을 수령해 투자금을 상환하게 됩니다. 또 수익금은 차주가 매달 납입하는 수익금과 별도로 선행적으로 3개월간 수취해 별도 관리함으로 리스크를 낮췄습니다.

시나리오 B

만약 차주나 차주의 관계사가 시나리오 A와 달리 상환 재원에 모자라는 금액으로 입찰에 참가하거나 경매 절차가 원활히 이루어지지 않으면, 이는 특약 사항에 따른 기한이익상실의 사유가 됩니다. 이를 사유로 ○○펀드가 설정한 1순위 근저당권에 대한 2순위 질권을 NPL 전문 매입기관에 매각해 대출 금액을 상환할 예정입니다.(⓫)

▶ STEP 1 : 채권 순위 확인하기

앞에서 만난 실전 상품들을 통해 이제 공시를 볼 때 무엇을 중점적
으로 살펴봐야 하는지 이해하셨을 겁니다. 대출의 목적과 채권 순위,
담보물의 시세, 실제 대출 금액, 예상 낙찰가격, 마지막으로 안전하
게 빠져나올 수 있는 출구 전략을 확인해야겠죠. 이번에는 공시 내용
을 부분별로 나눠서 살펴보지 않고 순차적으로 읽어보겠습니다.

이 상품은 대출 기간이 8개월입니다. 기간이 긴 만큼 아직 경매가
시작되지 않았을 수도 있고, 이번 회차는 유찰시켜 감정가액을 떨어
뜨린 뒤(유찰 1회당 감정가액 20% 하락) 다음 회차에 들어가기 위한 것
일 수도 있습니다.

❶을 통해 근저당권부질권을 매입하기 위해 먼저 금융기관, 저축
은행에서 16억 원의 질권대출을 받았음을 알 수 있어요. P2P 플랫폼
에서는 1억 5,000만 원의 추가 질권대출을 받으려는 것이기 때문에

P2P 상품 투자자는 2순위 질권자의 지위를 갖게 됩니다.

▶ STEP 2 : 안전장치 분석하기

❷에서 법원 감정가액은 34억 6,000만 원이라고 나와 있습니다. 이어지는 ❸은 투자자에게 유리한 내용이에요. 차주 등이 20억 원 이상으로 입찰에 참여할 예정이라고 되어 있거든요. 이 말은 20억 원 이하로는 낙찰되지 않을 것이라는 뜻입니다.

최우선 변제 대상인 각종 경매 비용에 1순위 질권 16억 원, 2순위 질권 1억 5,000만 원이 있으므로, P2P 투자자가 손해를 입지 않으려면 대략 18억 원 이상에 낙찰되어야 하는 상품입니다. 그런데 차주 등이 20억 원 이상으로 낙찰에 참여할 예정이라고 했으니 위험을 제거한 상품인 거죠.

배당을 받기 위해 NPL을 매수하기도 하지만, 자신이 경매에 참여해 낙찰받고 싶은 경우에도 NPL을 매수하기도 합니다. 어차피 낙찰받고자 한다면 NPL 채권을 인수하고 배당 수익까지 얻을 수 있어서 이익이 더 커지거든요.

❹에서는 상환 안전성을 좀 더 높이기 위해 차주 대표이사의 연대보증과 수익금 별도 유보 조치를 취하겠다고 하고 있습니다. 차주 대표이사의 연대보증이란, 차주가 빌린 돈을 갚지 못해 추심에 들어갈 경우 차주의 다른 재산에도 압류 등을 걸어 돈을 받아내겠다는 뜻입니다. 또 수익금 별도 유보란 이자를 미리 받아둔다는 말입니다.

나는 1만 원으로 부동산 한다

이 상품은 이렇게 두 가지 조치를 통해 안전장치를 마련한 셈입니다.

한편 [자금 목적]과 [신용보강 내용]은 큰 어려움 없이 읽을 수 있습니다. 차주가 배당금을 다른 용도로 써버리면 안 되므로 우선 배당 동의서를 받아야 하죠. ❺의 내용처럼 질권대출이니 당연히 질권대출약정서를 작성할 것이고, 법적인 권리를 확보하기 위해 2순위 질권설정을 해야 합니다.

이때 특약 사항은 ❸과 이어지는 내용입니다. 만일 상환 기간 2개월 전까지 입찰에 참여하지 않거나, 입찰 금액이 20억 원 이상이 되지 않으면 차주가 계약을 위반하는 것이라고 알려주게 됩니다.

[투자 구조 분석] 내용 역시 무난하게 이어지는 것을 볼 수 있어요. ❻은 혹시라도 차주가 배당금을 내주지 않을 때를 대비하기 위해 P2P 플랫폼이 아예 직접 법원에서 배당금을 받겠다는 뜻입니다.

❼은 ❹와 연결됩니다. 차주가 혹시라도 이자를 연체하거나 부실로 이어질 경우를 대비해 3개월 치에 해당하는 이자를 미리 받아 은행 같은 제3기관에 예치해두겠다는 내용이에요.

▶ STEP 3 : 꼼꼼하게 시세 분석하기

이제 [NPL 분석]을 살펴볼게요. ❽을 보면 해당 물건인 근린상가가 2015년에 20억 8,000만 원에 거래되었다는 사실이 적혀 있습니다.

❾에는 차주 등이 20억 원 이상으로 입찰할 예정이라는 내용이 또 나오죠? 법원 감정평가액은 34억 6,000만 원이지만 예상 낙찰가

격은 20억 원이라고 되어 있어요. 앞서 차주가 '20억 원 이상'으로 입찰에 참여하겠다고 이야기하고 있지만, 실제로는 20억 원에 입찰하려 한다는 뜻이 됩니다.

여기서 '최우선순위 비용＋1순위 질권＋2순위 질권'을 합한 금액이 17억 6,600만 원인데, 예상 낙찰가격 20억을 기준으로 하면 2억 3,400만 원이 남는다고 알려주고 있어요. 이 상품의 안전성이 높다는 사실을 재차 확인하는 것이죠.

[투자자 보호] 내용에는 특이한 사항이 없습니다. 이 상품의 NPL 매수자는 1순위 질권자와 2순위 질권자의 돈을 합해 근저당권을 획득했습니다. 여기서 '차주에게 우선 배당동의서 징구를 하겠다'라는 말이 있어요. 이는 NPL 매수자인 차주와 질권자 사이에서 벌어질 수도 있는 배당 순위에 대한 다툼을 차단했다는 뜻입니다. 대출을 실행할 때부터 근저당권자인 차주보다 P2P 플랫폼이 우선적으로 배당받을 권리를 미리 확보했다는 내용이죠. [상환 시나리오 분석] 부분을 포함해 이어지는 내용은 이해하기 어렵지 않을 거예요.

▶ STEP 4 : 경매 진행 단계 따져보기

이 상품에는 경매 사건 내역이 첨부되어 있습니다. 입찰 기일을 살펴보니 1회 유찰된 상황이에요. 아직 2차 매각 기일은 정해지지 않았고요. 경매에 처해진 부동산 가격은 유찰될 때마다 최초 감정가격에서 20%씩 뚝뚝 떨어진다고 했죠? 1회 유찰 시 최초 감정가의 80%, 2회

나는 1만 원으로 부동산 한다

유찰 시 64%, 3회 유찰 시 51%로 떨어집니다. 이 상가 역시 1회 유
찰로 최저 가격이 34억 6,000만 원에서 24억 2,200만 원으로 떨어
진 것을 확인할 수 있어요.

소 재 지	충청남도 천안시 서북구 쌍용동				도로명주소검색			
물건종별	근린상가	감 정 가	3,460,000,000원		오늘조회: 6 2주누적: 192 2주평균: 14 조회동향			
대 지 권	290.275m²(87.808평)	최 저 가	(70%) 2,422,000,000원	구분	입찰기일	최저매각가격	결과	
건물면적	610.4m²(184.646평)	보 증 금	(10%) 242,200,000원	1차	2017-09-25	3,460,000,000원	유찰	
매각물건	토지·건물 일괄매각	소 유 자			2017-10-30	2,422,000,000원	변경	
개시결정	2017-05-18	채 무 자		본사건은 변경 되었으며 현재 매각기일이 지정되지 않았습니다.				
사 건 명	임의경매	채 권 자						

사진	건물등기	감정평가서	현황조사서	매각물건명세서	부동산표시목록		기일내역	문건/송달내역
사건내역	전자지도	전자지적도	로드뷰	온나라지도+				

▶ 매각물건현황 (감정원 :   / 가격시점 : 2017.05.30)

목록	구분	사용승인	면적	이용상태	감정가격	기타
건물	8층중 1층	04.11.22	610.4m²(184.65평)	공실	2,422,000,000원	· 공부상 업무시설(은행)
토지	대지권		5576m² 중 290.2749m²		1,038,000,000원	
현황위치	· '천안쌍용초등학교' 남동측 인근에 위치하며, 주위는 아파트, 학교, 근린생활시설 등이 혼재하는 지역이며, 주위환경은 보통임. · 본건까지 차량출입이 가능하며, 인근에 버스정류장이 소재하는 등 교통상황은 보통임. · 대체로 부정형의 평지로, 상업용 건부지로 이용 중임. · 본건 북측으로 왕복8차선의 아스팔트 포장도로가 소재함.					
참고사항	· 현황 공실임 · 외필지:					

앞서 예상 낙찰가격이 20억 원으로 적혀 있던 것을 떠올려보세요.
이것은 한 번 더 유찰될 수도 있다는 뜻입니다. 이미 경매가 진행된
물건인데도 대출 기간을 8개월로 여유 있게 잡은 이유를 바로 여기
서 알 수 있죠. 사실 P2P 투자자 입장에서는 낙찰자세팅을 통해 안
전한 상품이라는 것까지만 파악하고 투자해도 무방합니다.

하지만 부동산 투자를 공부한다는 관점에서 한층 더 들어가 살펴볼게요. 이 상품의 채권최고액은 얼마일까요? 첨부된 등기부등본의 순위 번호 6번에서 채권최고액이 24억 3,620만 원이라는 사실을 알 수 있습니다. 2회 차의 최저 매각가격이 24억 2,200만 원으로, 채권최고액과 유사한 수준이죠.

순위번호	등 기 목 적	접 수	등 기 원 인	권 리 자 및 기 타 사 항
				(신 탁 등 기 등) 공동담보목록 제2003-776호
2	근저당권설정	2004년12월9일 제131646호	2004년12월9일 추가설정계약	채권최고액 금960,000,000원 채무자 ○ ○ ○ 근저당권자 주식회사하나은행 110111-0015671 서울 중구 을지로1가 101-1 (신탁등기등) 공동담보목록 제2004-318호
3	1번근저당권설정, 2번근저당권설정 등기말소	2004년12월14일 제133016호	2004년12월9일 일부포기	
4	근저당권설정	2011년12월30일 제142639호	2011년12월30일 설정계약	채권최고액 금 4,000,000,000원 채무자 ○ ○ ○ 근저당권자 주식회사바래저축은행 226111-0000215 제주특별자치도 제주시 이도이동 315 (천안지점) 공동담보목록 제2011-1268호
5	4번근저당권설정등기말소	2012년5월4일 제12679호	2012년5월3일 해지	
6	근저당권설정	2016년12월24일 제17003호	2016년12월24일 설정계약	채권최고액 금2,436,200,000원 채무자 ○ ○ ○

열람일시 : 2017년10월30일 17시03분21초

8/59

2회 차에서 낙찰된다면 차주는 배당 이익을 충분히 얻을 수 있습니다. 그러나 2차 경매 기일이 촉박함에도 대출 기간을 8개월로 길게 잡은 것을 보면, 한 번 더 유찰되어 최저 매각 금액이 19억 3,760만 원으로 떨어지길 바랄 가능성이 높습니다. 차주 입장에서는 3차까지 간다면 더 낮은 금액으로 낙찰받을 기회가 생기기 때문이죠.

나는 1만 원으로 부동산 한다

이 상품은 2회 차에서 낙찰되어 조기 상환될 가능성은 높지 않아 보입니다. 오히려 약정한 기간보다 상환 일정이 늦춰질 가능성도 있어요.

채권 매입회사 매입 약정 상품, 낙찰자세팅보다 안전할까?
그런데 이 상품 공시를 보며 이런 의문을 품을 수 있어요.

"상품 공시에 문제가 생기면 2순위 질권을 NLP 전문 매입회사에 매각한다고 되어 있잖아요? 이 상품은 낙찰자세팅이 되어 있지만 그렇지 않은 상품으로 그냥 채무 불이행 시 채권 매입회사에서 매입 약정된 상품이라고만 고지하는 경우도 많아요. 그게 낙찰자세팅이나 방어입찰만큼 안전한 장치인가요?"

공시 내용에서 ⓫을 보면 '기한이익상실'이라는 표현이 있어요. 이 말을 쉽게 설명하면 차주가 원리금을 제때 상환하지 않아서 계약이 깨졌다는 뜻이에요. 계약이 깨졌을 경우 원리금을 안정적으로 회수해야 하는데, 그럼 어떻게 해야 할까요? 채권 매입회사에서 NPL을 매수한다면 안전한 상품 구조가 나오겠죠. 그러면 낙찰자세팅이나 방어입찰에 버금갈 정도로 안전한 상품이 됩니다.

그럼에도 우선순위를 매겨보면 '낙찰자세팅 > 방어입찰 > 채권 매입 약정' 순이에요. 채권 매입회사는 손해를 감수하는 자선사업 단체가 아닙니다. 사려면 반드시 이익이 난다는 전제가 있어야 하죠. NPL이 낮은 금액으로 매각될 수도 있다는 의미입니다.

그런데 P2P 플랫폼 역시 손해 보는 장사를 하지 않으려고 하겠죠. 원금을 회수하지 못하면 투자자들에게 위험 관리 능력이 떨어지는 플랫폼이라고 평가받을 테니까요. 어느 플랫폼도 그런 상황을 원하지 않습니다.

이런 사실을 종합할 때 눈치 빠른 투자자라면 "음, 채권 매입회사에서 사기로 결정했다는 것은 이 상품의 담보가치가 충분하다는 뜻이구나"라고 결론을 내릴 수 있어요. 결론적으로 채권 매입 약정이 안전장치인 것은 맞지만, 낙찰자세팅에 비하면 강도는 약하다고 말할 수 있습니다.

나는 1만 원으로 부동산 한다

PART 6

부동산 P2P,
이런 것도 있다

부실한 놈들도 뭉치면 돈이 된다
_ NPL 포트폴리오

한 사람만의 신용을 담보로 하는 상품은 위험 부담이 큽니다. 그 사람이 원리금을 상환하지 못하면 그대로 부실로 이어지기 때문이죠. 이런 위험을 분산하기 위한 방법으로 신용 상품 100개를 묶어서 1개의 상품처럼 파는 경우가 있어요. 100개 중 3~4개가 부실화되더라도 나머지가 멀쩡하면 큰 문제가 발생하지 않기 때문에, 여러 개를 묶은 포트폴리오 상품으로 안전성을 높이는 거죠. 부동산 상품 역시 이렇게 여러 개를 묶은 포트폴리오 상품을 만들 수 있습니다.

나는 1만 원으로 부동산 한다

〈상품 분석〉 □□펀드 NPL 포트폴리오 담보대출 3호

연 수익률	13.5%(예상)
투자 기간	6개월
모집 금액	8,000만 원
상환 방식	만기 일시 상환
모집 기간	2017.10.25～2017.10.30

[총평]

본 〈NPL 포트폴리오 담보대출 3호〉 상품은 2011년 설립해 오랜 기간 부실 채권(NPL) 매입 및 관리, 회수 업무를 전문으로 하는 차입회사가 금번 매입 절차 진행하는 NPL 포트폴리오를 담보로 제공하고 동 채권 매입 자금 중 8,000만 원의 대출을 신청하는 건입니다.

담보 확보 등 다음과 같은 조건으로 대출을 실행합니다.

– 부실채권(NPL) 포트폴리오 채권양도 담보계약(❶)

　금번 매입하는 부실채권(건수: 1,146건, 원금 잔액: 32,930,000,000원)

　LTV(담보인정 비율) : 72.7%

– 차입회사 대표이사 개인 연대보증 입보

　차입회사의 법인 등기부등본상 대표이사를 연대보증인으로 입보

– 단기(6개월) 만기 일시 상환 조건이며 만기 전 일부금 상환 또는 적립

　4회 차 이자 상환일부터는 전월 회수 대금의 50% 상환 또는 적립 조건

[투자 리포트]

NPL 매각 및 담보 제공 : 금융회사에서 NPL 채권이 발생하면 금융감독원의 제재 및 금융회사의 신용도 하락을 방지하기 위해 법적으로 매입이 가능한 회사에 채권 원금 잔액(OPB) 대비 할인해 매각할 때(❷), 매입회사는

NPL을 담보로 제공하고 대출을 받을 수 있음.

[NPL 포트폴리오 담보 현황]

NPL 포트폴리오 담보 총괄표(❸) 2017년 10월 23일 기준

(단위 : 건, 백만 원)

최초 대출 금융회사	매입 구분	매입 건수	매입가	OPB¹	대출 금액	매입율²	LTV³
제일은행 등	매입 예정	1,146	110	3,293	80	3.3%	72.7%

1. OPB(Outstanding Principle Balance) : 채권의 원금 잔액
2. 매입율 : (매입가/OPB)×100
3. LTV : (대출 금액÷매입가)×100

[NPL 포트폴리오 담보 LTV]

담보 시세 110,000,000원 / 총 대출 금액 80,000,000원

LTV 73 % / 여유 구간 27 %

[NPL 포트폴리오 담보 구성 분포]

최초 대출 회사 분포(단위 : 건, 백만 원)		
구분	채권 수	OPB
에이앤오그룹	388	1,152
제일은행	322	601
협성금고	240	313
기타	196	1,227
총 합계	1,146	3,293

[대출금 연체 시 관리 방안]

차입회사가 채무 불이행 시 당사가 NPL 채권의 시장가치를 재평가해 매각 절차가 진행되며 매각 대금을 투자자에게 지급함.

당사가 NPL 채권에 대한 담보권 실행 후 △△신용정보에 채권추심을 위임하게 되며, △△신용정보 채권추심 위임을 통해 채무자에게서 회수되는 변제금을 투자자에게 지급함.

위 담보권실행절차 이외 차입회사 및 연대보증인으로 입보한 대표이사의 소유 재산에 대해 신속히 채권보전조치를 진행해 대출 원리금 조기 회수에 집중함.(❹)

❶에서 부실채권 건수가 1,146건, 원금 잔액이 320억 9,300만 원이며, 양도 담보로 LTV가 72.7%라고 밝히고 있습니다. NPL을 사고 파는 1차 시장에서는 여러 채권을 한꺼번에 묶음으로 매각합니다. 이것을 '론 세일(loan sale) 방식'이라고 해요.

보통 NPL 관련 상품은 하나씩 떼어 개별 채권으로 만든 다음 대출을 실행하지만, 특이하게도 이 상품은 그렇지 않습니다. 덩어리로 매입한 상태 그대로를 담보로 잡아 대출을 실행하는 것이죠.

이어지는 내용에서는 출구 전략을 다루고 있습니다. 단기 6개월 및 만기 일시 상환 조건, 만기 전 일부금 상환 또는 적립, 4회 차 이자 상환일부터는 전월 회수 대금의 50% 상환 등의 내용이 그것입니다. 차입회사 대표이사가 개인 연대보증을 선다는 내용도 있지만, 연대보증 자체는 출구 전략으로는 효과가 약한 편입니다.

❷는 금융기관이 BIS 비율을 맞추기 위해 NPL을 매각했고, 그것을 할인해서 샀으며 담보로 대출이 가능하다는 설명입니다. 그러면 원금 잔액이 거의 330억 원이나 되는 것을 할인해서 얼마에 샀다는 것일까요?

❸의 [NPL 포트폴리오 담보 총괄표]를 보면 매입 가격은 11억 원입니다. 표에도 있고 ❶에도 나와 있습니다. 그런데 8,000만 원을 P2P 플랫폼에서 대출받으려고 보니 LTV가 72.7%라고 쓰여 있습니다. 상품 공시에 아무런 언급이 없지만 이 사실만으로 '아하, 이미 저축은행 등 다른 금융기관에서 대출을 받았고, 이번에 추가 대출을 받으려는 것이구나!'라고 파악할 수 있어요. 11억 원에 대한 LTV 72.7%는 7억 9,970만 원입니다. 다른 금융기관에서는 거의 8억 원에 달하는 돈을 대출받았네요.

여기서 OPB(Outstanding Principal Balance)란 부실화된 채권에 남아 있는 원금 잔액이 얼마인지 한 번 더 알려주는 회계 용어입니다. 10억 원짜리 아파트를 담보로 6억 원을 대출받았다고 해볼까요? 이것을 조금씩 갚아서 현재 남아 있는 대출 원금이 5억 원이라면 OPB는 5억 원입니다. 그리 중요한 것이 아니므로 대강 어떠한 의미인지만 이해하면 됩니다.

그런데 공시를 읽다 보니 이 상품은 OPB에 대한 설명이 다소 불친절하다는 생각이 듭니다. OPB의 구성 내용에 대해 에이앤오그

룹에서 388개, 제일은행에서 322개 등, 이런 식으로 모인 것이 총 1,146개이고, 원금 잔액이 32억 9,300만 원이라는 사실만 알리고 있어요. 공시 내용 어디서도 1,476개나 되는 채권의 개별 정보를 찾을 수가 없습니다.

금융기관은 왜 30분의 1 가격에 팔았을까?

상품 공시를 읽다 보면 '금융기관이 왜 이렇게 싸게 팔았을까?'라는 의문을 가질 수 있어요. 원금 잔액이 거의 330억 원인데 30분의 1밖에 안 되는 가격으로 처분했기 때문입니다. 은행이 바보가 아닌 이상 가치 있는 투자 상품을 헐값에 매각하지는 않을 텐데 말이죠.

이 상품이 OPB의 구성 내용을 공개하지 않지만, 매각가격을 통해 추측할 수 있는 사실이 있습니다. 바로 돈이 안 되는 채권도 많이 섞여 있다는 점이죠. 이런 이유에서 이렇게 낮은 가격에 처분한 것이라고 생각할 수 있습니다.

정보가 부족할 때 상품의 안전성은 어떻게 확인할까?

앞 장의 상품 공시에서는 언급하지 않았지만, 원래 이 상품의 공시에는 법인격 분포, 성별 분포, 지역 분포 등의 정보가 있었습니다. 하지만 이런 정보는 채권의 성격을 파악하는 데 도움이 되지 않아요. 남성은 빌린 돈을 잘 갚지 않는데 여성은 잘 갚고, 서울 사람은 빌린 돈을 잘 갚는데 경기도 사람은 잘 갚지 않는 것이 아니니 말입니다. 투자자에게 중요한 정보는 NPL 상품이 어떻게 기획되었는지, 대출자는 얼마를 벌고 출구 전략을 어떻게 설정할 것인지 등인데, 이런 내용은 전혀 없습니다.

그렇다고 해서 이 상품이 투자가치가 없다는 말이 아닙니다. 단지 '채권 수를 확 늘렸고, 한 바구니에 담지 않고 분산했기 때문에 안전성이 높을 것이다' 정도로만 판단할 수 있다는 말이죠. 이 상품은 온전히 플랫폼만 의지해 투자 여부를 결정할 수밖에 없는 상품입니다. 그럼에도 수익 관점에서 볼 때 예상 수익률 13.5%는 나쁘지 않은 수치입니다.

이처럼 플랫폼의 공시 내용에만 의존해야 하는 상품을 접할 때는 스스로에게 질문을 던져보는 것이 좋습니다. '나는 수익만 얻으면 OK인 투자자인가, 이왕이면 부동산에 대한 공부로 연결하고 싶은 사람인가?'라는 질문 말입니다. 만약 수익을 얻는 데 그치지 않고 부동산을 좀 더 심도 깊게 공부하고 싶다면 그에 적절한 상품을 찾는 것이 좋겠죠!

단기간에 연 10% 넘는 수익 올리기
_ 배당금담보 상품

경매 관련 대출 상품으로는 대략 세 가지를 들 수 있습니다. 낙찰받은 후 잔금을 조달하기 위한 경매 낙찰잔금 상품, NPL 상품, 그리고 배당금담보 상품 등입니다. 이중 배당금담보 상품은 배당받을 권리를 담보로 대출받는 것을 말해요. 여기서는 배당금담보 상품에 대해 자세히 알아보겠습니다.

배당금담보 상품, 젊은이들이 몰린다?

경매가 개시되고 최초 입찰이 시작되기까지 빠르면 6~7개월, 길게는 1년 정도 걸립니다. 그러다가 낙찰되면 보통 1개월 정도 후까지 잔금을 내는 잔금 납부 기한 일정이 잡히고요. 기한 내에 낙찰잔금을 납부하면 다시 1개월 후 배당기일이 설정됩니다. 이날이 바로 채권자들이 배당받는 날이죠. 그러니까 낙찰된 후 2개월이 지나야 배당을 받을 수 있습니다.

이런 구조 때문에 배당금담보 상품은 2개월 정도 기간을 두고 기획되는 것이 많습니다. 이미 낙찰된 이후에 기획되는 경우도 많아 1개월 만에 조기 상환되는 상품도 있어요. 그래서 배당금담보 상품은 투자 기간이 짧고 안전성이 높은 대신 수익률은 낮은 편입니다. 보통 연 10% 전후이고 조금 높으면 연 13~14% 정도입니다.

참고로 배당금담보 상품에서는 재미있는 현상을 관찰할 수 있습니다. 다른 상품에 비해 투자 기간이 짧다 보니 젊은 층이 주로 선호한다는 점입니다. 대개 50대 이상 투자자는 기간이 짧아서 자주 재투자하는 것을 귀찮아하는 경향을 보입니다.

원리금 상환 시기가 밀린다고? : 배당연기 리스크

배당은 물건이 낙찰된 후 법원이 채권자들을 일렬로 줄 세워 그들이 받을 돈을 나눠주는 절차라고 했습니다. 통상적으로 물건이 낙찰되고 2개월이 지나 배당을 받으면, 대출 원리금이 상환되면서 상품의 계약이 종료됩니다. 그런데 간혹 이해 당사자의 사정으로 배당이 미뤄지는 경우가 있어요.

우선 낙찰자가 입찰보증금 10%를 포기하고 잔금 납부 기한까지 돈을 납입하지 않는 경우를 들 수 있습니다. 이는 경매가 유찰된 상

나는 1만 원으로 부동산 한다

황이기 때문에 배당이 되지 않고 다시 경매가 진행되어야 하죠. 그러면 예상했던 기간보다 배당기일이 길어지는데, 이를 '배당연기 리스크'라고 합니다.

배당이 연기될 경우 원리금을 못 받는 것은 아닙니다. 다만 상환 시기가 조금 뒤로 밀릴 뿐이에요. 물론 이 기간에도 계속 연체이자를 받을 수 있기 때문에 오히려 수익률을 높여주기도 합니다. 수익률 연 11% 조건으로 투자한 배당금담보 상품이지만, 연체되면서 연 18%를 이자로 받을 수 있는 거죠. 연체이자율은 P2P 플랫폼이 사전에 어떻게 약정했는지에 따라 달라집니다.

원금을 잃을 수도 있다고? : 배당이의 리스크

위에서 설명한 배당연기는 아주 골치 아픈 일은 아닙니다. 문제는 배당이의가 발생하는 상황입니다. 배당이의란 말 그대로 배당 금액에 이의를 제기하는 것입니다. 권리가 있는 사람들이 "내가 받을 배당 금액을 납득할 수 없으니 다시 계산해주세요"라며 불만을 터뜨리는 상황이죠.

배당이의가 배당연기와 달리 고약한 점은, 최악의 경우 원금을 못 받을 수 있다는 것입니다. 권리권자들이 배당표에 대한 금액을 인정하지 못하겠다면서 소송을 거는 것과 같습니다. 그렇게 되면 법원에서 배당을 하지 않거든요.

물론 차주가 대출 원금을 상환하면 되겠지만, 그것도 여의치 않으면 원리금을 받을 시기 자체가 뒤로 밀릴 수 있어요. 원리금을 못 받아서 사건이 대법원까지 올라가면 투자한 돈이 1년 이상 묶여버릴 수도 있고요. 물론 상환이 늦어지는 만큼 연체이자가 붙겠지만, 원금을 아예 못 받는다면 큰 문제가 될 수 있습니다. P2P 플랫폼은 배당이의를 가정해 출구 전략을 짜기도 합니다. 그러나 배당이의 가능성이 있는 상품은 아예 투자하지 않는 것이 더 바람직하겠죠.

배당이의 리스크 확실하게 파악하기

그럼 어떤 상품에 배당이의 리스크가 있는지 없는지 어떻게 판단할 수 있을까요? 이번에도 실제로 판매됐던 상품 공시를 통해 살펴보겠습니다.

〈상품 분석〉 △△펀드 담보채권

모집 기간	8월 21일~28일
수익률	연 18% 법원 배당금
상환 기간	4개월
모집 금액	7억 원

법원 배당금으로 수익을 만드세요. 법원에서 직접 배당받아 안전성, 환금성, 수익성을 모두 갖춘 투자 상품입니다.

POINT 1	경매 낙찰이 완료되어 법원에서 배당금을 직접 수령, 안정적으로 상환 재원을 확보합니다.
POINT 2	예정된 법원 배당금(총 26억 원) 중 충분한 여유 구간(약 7억 원)을 확보해 담보 안전성이 높습니다.
POINT 3	높은 안전성 대비 단기에 높은 수익률(연 18%)을 기대할 수 있는 투자 상품입니다.

[법원 배당금 담보채권 구조]

변동성 있는 경매 과정 단계는 대부분 완료되었습니다.

배당금 지급 단계의 리스크 발생 요인은 제한적입니다.

채권양도계약을 통해 △△펀드는 배당 대상으로 법원에 등록됩니다.

법원이 직접 배당금(상환 재원)을 지급하므로 안정적입니다.

[상환의 이해]

본 투자는 법원이 지급하는 배당금을 상환 재원으로 확보해 상환 리스크가 매우 낮습니다.

(상환 계획 1)

법원에서 직접 배당금을 수령

본 건의 법원 배당금은 약 26억 원 수준 예상

이미 경매 낙찰 완료, 낙찰잔금 지급 완료되어 배당금 지급 확정적

배당기일에 법원에서 △△펀드가 배당금 총액을 직접 수령

본 건의 원리금을 선취한 후 잔여 배당액을 차주에게 반환

(상환 계획 2)

매입 대기자의 매입 협약 완료

제3자 부실채권(NPL) 매입 전문회사와 협약 완료

미상환 시 총 원리금 규모로 본 채권의 매입 의향 확인

부실채권 매입 대금을 통해 원금과 수익 상환

[담보 분석]

△△펀드는 법원 배당금(약 26억 원) 총액에 대한 수령 권리를 갖습니다.

(담보 1)

법원 배당금 총액의 수령 권리 확보

경매 낙찰 완료(2016년 10월 10일) 및 경매 낙찰잔금 납부 완료

(2017년 7월 25일)

사전 단계가 모두 완료됨에 따라 법원 배당금 지급 확정적

△△펀드는 본 건의 법원 배당금 총액에 대해 채권양도계약 체결

채권양도 사실을 법원에 통지해 배당금 수령자로 △△펀드 지정

법원은 배당금 수령자인 △△펀드에 직접 배당금 지급

(담보 2)

대표자 연대보증

주식회사 ○○ 대표자 연대보증

수익률이 높다는 말의 의미

일반적인 배당금담보 상품은 수익률이 높아도 연 14% 정도입니다. 그런데 이 상품은 연 수익률을 18%로 제시하고 있어요. 수익률부터 일반 상품과 뭔가 다르다는 생각이 듭니다.

상환 계획을 볼까요? 법원에서 직접 배당금을 수령한다고 적혀

있고, 배당금은 26억 원 수준으로 예상합니다. 낙찰이 완료되어 낙찰 잔금도 이미 지급되었다고 합니다. 배당금 지급이 확정적이라는 말도 있어요. 배당기일에 법원에서 △△펀드가 직접 받아서 대출 원금을 회수하고 난 다음, 잔여 배당액을 차주한테 반환한다고 되어 있습니다. 여기까지 보면 굉장히 안전한 상품인 것 같습니다.

낙찰되었다고 해서 모두 안전한 것은 아니야!

그러나 원리금을 다 회수할 때까지는 100% 안전하다고 장담하기 어렵습니다. 이 상품에 첨부된 [경매 사건 내역]을 살펴보면 배당기일이 9월 6일로 되어 있어요. 통상적으로 배당기일이 잡혔고 배당기일에 배당을 받으면 원금을 상환해야 합니다.

그런데 이 상품의 모집 기간은 8월 21일~28일이었습니다. 모집 첫날부터 계산한다 해도 약 2주 후면 배당을 받는데, 원리금 상환 기간은 1개월이 아닌 4개월씩이나 잡혀 있는 거죠. 뭔가 조금 이상하지 않나요?

이 부분은 배당이의가 제기될 가능성을 고려해 수익률을 연 18%로 잡은 대신, 상환 기간은 넉넉하게 4개월로 잡은 것이 아닌가 하는 추측이 듭니다. 실제로 이런 부분에 대한 질문이 들어와 이 상품을 설명한 것인데, 이후 진행을 추적해보니 배당이의가 발생했습니다. 참고로 배당이의를 제기할 경우, 그 내용의 진실성을 배당기일 당일에는 다투지 않습니다. 절차상 하자만 없다면 일단 배당이의가 제기된 금액은 법원에서 배당기일에 수용하도록 되어 있습니다. 그후 배당이의 소송을 통해 쟁점을 다루는 것입니다.

투자할 때는 낙찰될 것을 가정하고 자금 흐름이나 기타 계획을 세울 텐데, 이처럼 예상치 못한 리스크가 있을 수 있으니 최대한 보수적으로 접근해야 합니다. 특히 초단기 담보 상품일수록 배당연기와 배당이의가 큰 리스크가 될 수 있다는 사실을 꼭 기억해두세요.

나는 1만 원으로 부동산 한다

곧 들어올 현금이 있으니 괜찮아
_ ABL 상품

대출을 받을 때 집이나 신용을 담보로 잡을 수도 있지만, 앞으로 들어올 돈을 담보로 잡을 수도 있습니다. "곧 돈이 생기니까 그것을 담보로 돈 좀 빌려주세요"라며 미래의 돈을 당겨쓰는 방식이죠. 이를 ABL(Asset Backed Loan, 자산유동화담보부대출)이라고 합니다. 들어올 수익을 담보로 만든다는 뜻에서 다른 말로는 '수익권담보'라고도 해요.

ABL 상품은 연 13~19% 정도의 수익률을 제공하는데, 부동산 P2P 투자에서는 크게 분양대금형과 공사대금형 상품으로 나뉩니다. 각각의 특징을 알아볼게요.

▶ 분양대금 ABL

예를 들어볼게요. 시행사인 삼성물산이 래미안 아파트를 지은 다음 모두 분양이 되었습니다. 그러면 삼성물산은 신탁회사에서 아파트를 판매한 수익금, 즉 분양대금을 받아요. 이렇게 미래에 시행사가 신탁회사에서 받을 돈을 상품화한 것을 분양대금 ABL이라고 합니다.

그런데 아파트는 모두 분양되었다고 해서 대금이 한꺼번에 들어오지 않아요. 금액이 워낙 크다 보니 계약금과 중도금, 잔금 등으로 몇 차례에 걸쳐 나눠 내거든요. 하지만 시행사 입장에서는 공사를 계속 진행하기 위해 돈이 필요할 거예요. 이런 이유에서 시행사는 신탁회사에 앞으로 받을 돈을 담보로 만들어 P2P 플랫폼에서 돈을 빌리는 겁니다.

이때 P2P 플랫폼은 시행사에게 분양대금을 담보로 돈을 빌려주었으니 질권을 설정해요. 앞서 공부한 NPL 상품을 떠올려보세요. 아파트 소유자 A씨가 B에게 가서 아파트를 담보로 대출받으면 B는 근저당권을 얻죠? 이때 B는 이 근저당권을 담보로 C에게 질권을 설정해주고 대출받을 수 있다고 했어요. 분양대금 ABL 역시 비슷한 개념으로 이해하시면 됩니다.

질권을 설정하는 것 외에 P2P 플랫폼이 취할 수 있는 또 다른 조치가 있습니다. 채권양도 통지입니다. 채권양도란 돈 받을 권리를 양도받았다는 것을 알리는 것으로, C가 A에게 "너 B에게 돈 빌렸지?

나는 1만 원으로 부동산 한다

그런데 B가 나한테 돈 빌려 갔으니까 네가 갚을 돈을 B에게 주지 말고 나에게 줘"라고 하는 겁니다.

▶ 공사대금 ABL

시공사의 공사대금을 담보로 돈을 빌리는 대출입니다. 시공사도 한 가지 사업만 진행하는 것이 아니라 여러 사업을 동시에 진행하므로 자금이 필요합니다. PF 대출을 승인받은 사업장은 매월 지급하지만, 일부 사업장은 완공 이후 지급하는 조건으로 외상으로 공사를 진행하기도 해요.

P2P 플랫폼은 돈을 빌려주고 공사대금을 신탁회사에서 지급받거나, 공사대금 수령 계좌에 공동명의를 설정(또는 질권설정)해 원리금을 회수합니다. 이때 회수하지 못할 위험을 줄이기 위해 PF 대출이 승인된 이후에 공사대금을 담보로 대출이 진행됩니다.

ABL 상품, 어떤 리스크가 있을까

분양대금 ABL이라면 당연히 준공이 되지 않거나 분양 계약이 취소될 때 곤란한 상황에 빠지겠죠? 만약 한두 집이 아닌 많은 가구가 분양 계약을 취소한다면 잔금 확보에 차질이 생길 겁니다. 이렇게 되면 P2P 플랫폼에서는 우리가 이미 알고 있는 몇 가지 방법을 통해 돈을 회수합니다. 분양되지 않은 집을 처분하거나, 대환대출을 실행하거나 시행사 혹은 대표이사의 자산을 압류하겠죠. 다만 개발신탁 구조의 분양대금 ABL은 대부분 신탁회사가 책임지고 개발하기 때문에 미준공 위험성이 낮은 편입니다.

공사대금 ABL에서도 준공이 되지 않거나 공사를 진행하는 시공사가 부도 나면 원리금 회수가 어려워집니다. 그래서 대출 여부를 결정할 때 시공사의 신용 등급 등을 엄격히 따지곤 해요. 그 뿐만 아니라 시공사의 부도 등으로 공사가 중단되면 다른 시공사가 공사를 인수하도록 합니다. 이 경우에도 원리금이 예정된 기간보다 늦게 상환될 가능성이 있어요.

사실 ABL 역시 틈새 상품입니다. 저축은행에서는 ABL을 다루지 않고 자산 운용사(사모펀드)가 200억 원 이상 규모의 분양대금 ABL만 취급합니다. 그래서 ABL 역시 대부업계나 사채 시장으로 유입되었는데, 이것을 P2P 투자에서 하나의 상품으로 다루는 것입니다.

부동산 건축 자금 관련 대출 분류

구분	PF(건축 자금)	분양대금 ABL	공사대금 ABL
대출자	시행사(건축주)	시행사(건축주)	시공사
대출 시점	사업 초기	분양 계약 완료 이후	금융기관 PF 대출 승인 후
안전장치	토지근저당권(신탁미관리사업장)/ 사업장신탁수익권(신탁회사사업장)	분양 계약 완료된 2순위 신탁수익권	공사대금 계좌 질권설정 공사대금 계좌 공동명의 설정
상환 재원	분양대금, 준공 후 대환대출, 전월세 임대 등	분양대금(잔금)	신탁회사에서 지급하는 공사대금
리스크	사업 인허가 리스크, 미준공 리스크, 미분양 리스크	미준공 리스크, 분양 취소 리스크	미준공 리스크 (부실 공사, 시공사 부도 등)

나는 1만 원으로 부동산 한다

투자하기 전, 이것만은 확인하자!

P2P 대출로 ABL 상품에 투자할 때는 만기의 타당성, 출구 전략 구조 등을 충분히 검토해야 합니다. 신탁 계약은 체결되어 있는지, 시공사의 신용 등급과 재무 상태는 건전한지도 꼼꼼히 알아봐야 해요. 특히 공사대금 ABL은 우선수익권이 확보되어 있는지 꼭 확인해보세요. 분양대금 ABL은 분양률과 출구 전략 구조에 위험이 없는지 살펴야 하고요.

어떤 상품을 제도권 금융기관에서 다루지 않는다는 것은 그만큼 위험 부담이 존재한다는 의미입니다. PF 상품에서 미준공 리스크가 가장 큰 위협 요인이라고 설명했는데, 이는 ABL 상품도 마찬가지예요. 만약 공사가 지연되거나 분양률이 저조해 원리금 회수 시기가 미뤄질 경우, P2P 플랫폼이나 투자자가 대응하기 쉽지 않아요. 시공사의 부도, 자금 흐름 이상 등으로 공사가 원활하게 진행되지 못하거나 멈추면 손실을 입을 수 있습니다.

만일 완공되지 않은 상태에서 시공사가 부도 난다면 어떻게 될까요? 사업이 마무리되지 않은 상태에서 자금을 보유한 신탁회사나 시행사가 시공사에 돈을 내줄 리 없습니다. 투자자의 원리금 역시 회수하기 어려울 거예요. 이런 경우를 대비해 수익권 등 여러 가지 담보를 확보해두지만, 공사 지연에 따른 손해 발생과 해결을 위한 비용까지 염두에 두어야 합니다.

미준공 리스크 없는 매력 덩어리
_ 개발신탁 상품

초보 딱지를 뗀 P2P 투자자들 중에는 개발신탁 상품의 구조를 묻는 분들이 의외로 많습니다. P2P 투자에서는 빌라 같은 소규모 PF 상품이 대부분이지만, 대단지 아파트이면서 개발신탁 상품이라 관심을 가지는 투자자가 많은 것이 아닌가 합니다. 개발신탁이란 자금 조달을 포함해 전 과정을 신탁회사가 책임지고 완공하도록 만든다는 의미입니다.

일반적인 PF 상품에서는 시행사와 시공사를 잘 살펴봐야 하지만, 개발신탁의 경우에는 조금 달라요. 만일 시공사가 망하더라도 한국자산신탁이 다른 시공사를 선정해 사업을 이어갈 수 있어요. 미준공 리스크, 시행사 및 시공사 리스크 등이 단박에 헤지될 수 있기 때문

나는 1만 원으로 부동산 한다

에 투자자 입장에서는 상당히 매력적인 조건인 셈이죠.

지금부터 설명할 사례는 ABL 상품이지만 동시에 PF 상품이 무엇인지 잘 보여주는 것이기도 합니다.

〈상품 분석〉◇◇◇플랫폼 강원도 □□시 개발신탁 ABL 1차

모집 기간	2017.08.17～2017.08.24
모집 금액	10억 원
예상 수익률	18.0%
투자 기간	9개월

[투자 요약]

투자 상품	□□시 개발신탁 ABL
연 수익률	18%
모집 금액	1,000,000,000
투자 기간	9개월
상환 방식	만기 일시 상환
상환 재원	시행사 사업 이익
대출 목적	인근 부지 토지 매입 자금 용도이며 추가 사업 예정

[상품 개요]

본 투자 상품은 삼척시 교동에 위치한 사업장이며 2017년 8월 11일자 기준 세대 수 기준 분양율 90%(549세대 분양/612세대 중, 63세대 미분양)에 이르는 시공사 신영건설(대표 : 심대흥, 연도별 시평 순위는 2014년 434위, 2015년 170위, 2016년 118위, 2017년 93위), 한국자산신탁 개발신탁으로 진행되

는 사업장입니다.

1. 분양형 토지신탁(개발신탁)

시행 주체가 신탁사로 이전되어 신탁사가 자금 차입 등 시행 사업을 전반적으로 진행하는 부동산 개발 사업이며, 시행사의 우발 리스크와 완전 절연되며 신탁회사의 조달 능력으로 진행되는 사업.

본 사업장은 한국자산신탁의 우수한 신용도에 기반한 개발신탁 사업장이며 현재 분양율이 90%에 이르러 안전성 면에서 우수한 상품입니다.

2. 시행사 재무 개요

개발신탁 사업장으로 시행사와 사업 구도 절연되나 참고로 시행사 재무 사항 제시

[사업 구도]

개발신탁 사업은 사실상 개발 주체가 신탁사이며 준공 소요 자금을 신탁회사 차입으로 진행하기 때문에 미준공 리스크를 헤지합니다. 특히 본 사업장의 경우는 분양률 90%(공사 공정율 86%)에 이르는 사업장으로 미준공 리스크는 크지 않습니다.

* 8월 11일 현재 기준 2세대 추가 분양으로 63세대 미분양, 인근 사업장 대림아파트 평당 분양가 670만 원 정도이며 본 사업장 평균 분양가 수준임. 최근 신규 사업지 등의 분양가 수준은 750만 원 수준으로 조사됨.

분양률 90%는 이 아파트 단지가 안정적인 사업장임을 알려줍니다. 눈여겨봐야 할 부분은 '개발신탁 사업장'이라는 부분이에요. 여기서 시평(시공능력평가) 순위는 크게 중요하지 않습니다. 한편 시행사 재무 상태가 좋아진다는 것은, 투자자 입장에서는 시행사가 재무

적 문제를 일으켜 망할 확률이 낮아졌다는 뜻으로 좋은 신호입니다.

[사업 구도]에서는 미준공 리스크를 헤지했다고 강조하고 있습니다. 분양률 90%, 공정률이 86%라는 사실과 연결해서 살펴볼게요. 90% 분양되었다는 것은 계약금과 중도금을 받아 안정적으로 사업을 진행하는 중인데, 건물 또한 86% 완공되었다는 뜻입니다. 개발신탁이 아니어도 미준공 리스크가 거의 없다는 점에서 우수한 사업장이라고 강조하는 것이죠.

또 인근 사업장을 이야기하면서 주변에 공급되는 아파트에 비해 분양가가 저렴하니 추후 무리 없이 분양되지 않겠냐는 단순 예측 정도로 보입니다. 계속해서 공시 내용을 살펴보겠습니다.

[채권 보존책 점검]

❶ 신탁수익자(한국자산신탁은 수익자가 아니며 사실상 0순위)

0순위	한국자산신탁
1순위	KB저축은행
	대신저축은행
	인성저축은행
2순위	신영건설
	대림종합건설
3순위	시행사 수익

현금 흐름상 잔여 공사비가 240여 억 원 남은 상황이며 공사 기간에 따라 기성의 13%에 해당하는 금액으로 2순위 ABL 대출을 상환하게 됩니다. 공사 기성은 4회에 걸쳐 55억~65억 원 예정되어 있으며 현금 흐름으로 부채 정리 예정이며 당사의 대출 만기 전 중도 상환 예상되는 상품입니다.

❷ 시행사 및 신탁사를 통해 현금흐름표, 사업수지 점검(상환 재원 점검)
캐시 인 예정 금액은 총 495억
(아파트 매출만 해당, 상가 매출 9.37억 원 전액 분양 완료),
기분양자 분양잔금 및 중도금 일부 포함, 미분양분 매출은 120억 원)이며 캐시 아웃은 410억 원입니다.

이 중 사업 이익에 해당하는 85억의 버퍼가 상환 재원이며 시행사의 사업수 익권에 근질권설정함으로써 담보를 확보하게 됩니다. 특히 본 건은 상가 매출이 9.37억 원이며 상가는 전액 분양 완료됨으로써 안전성 면에서 우수합니다.

❸ 스트레스 테스트
CASE 1 : 미분양 60여 세대의 분양 총액은 120억 원에 해당되며 잔여 전 세대를 전세로 전환 시 분양 총액의 75% 적용, 90억 원의 캐시 인(△30억 원)

LTV(20/55)=36.36%

CASE 2 : 미분양 60여 세대 전체를 담보대출로 전환 시 캐시 인 예정.
분양 총액의 70% 적용 시 84억 원의 캐시 인(△36억 원).

LTV(20/49)−40.81%

❹ 한편 시행사는 시공사와의 도급 계약에 의거, 공사비를 대물로 처리할 수도 있으며 시공사는 회계상 목적 등 여러 이유로 대물(분양가의 5% 할인)로 처리함이 유리한 경우도 있어 미분양분에 대한 공사비 대물 처치로 현금

흐름상 사업 이익을 앞당겨 정산할 수 있는 방안도 있습니다.

[심사평]

· 기분양된 세대의 입주 잔금 및 추가 분양 대금으로 기존 차입금 및 공사비를 상환하는 구도이며 추가 분양분은 아파트만 해당됩니다(상가는 9.37억원 해당이며 분양 완료).

· 상가 미분양분 매출이 없는 점, 개발신탁 구도, 출구 전략이 전세/대환대출/시공사 대물변제 등의 방법으로 다양한 점이 본 상품의 강점입니다.

· 개발신탁 사업이며 현재 분양율 90% 감안 시 미준공 리스크는 거의 없는 사업장이며 잔금 납입 지연 및 추가 분양분에 대한 미분양 리스크가 존재하나, 실수요자 분양분이 다수임을 감안하고 상기의 스트레스 테스트 요인을 적용해도 버퍼가 있는 상황을 감안 시 만기 출구 전략에 무리 없음으로 판단됩니다.

[채권 보존책 점검]에서 현금 흐름상 잔여 공사비 240여억 원이 남는데, 시공사에는 기성의 13%에 해당하는 금액으로 2순위 ABL 대출을 받아 상환할 것으로 되어 있어요. 55억~65억 원씩 4회에 걸쳐 지급한다는 내용입니다. PF 상품은 시공사에 공사대금을 한 번에 주지 않는다고 했죠? 공사가 진행되는 상황을 보면서 여러 차례로 나눠 지급하는데, 이때 아직 지급하지 못하고 남은 돈을 '기성'이라고 표현합니다.

분양받은 사람들이 대부분 실수요자로, 입주가 순조로울 것이기 때문에 ABL 대출이 조기 상환될 가능성이 높다고 말하고 있습니다.

이 역시 안정적인 사업장임을 계속 강조하는 것이죠.

한편 2순위 내역에는 '대림종합건설 타절 용도 차입', '신영건설에서 차입'이라는 표현이 있습니다. 이를 통해 시공사로 신영건설과 대림종합건설이 들어왔던 것을 알 수 있어요. 참고로 대림종합건설은 대림산업과 관련이 없으며 부도 처리되어 회생 절차 중인 기업입니다. '타절'이란, 공사를 진행할 능력이 없으므로 중단하게 한 뒤 계약을 해지하는 것을 말해요. 따라서 이 말은 중간에 시공사였던 대림종합건설이 부도가 나자, 신탁회사가 미준공 리스크를 없애기 위해 시공사를 다른 회사로 바꿨다는 의미입니다.

❷에는 캐시 인 예정 금액 총 495억 원, 캐시 아웃 금액은 410억 원으로 나와 있습니다. 여기서 85억 원의 '버퍼(buffer)'라는 표현이 나옵니다. 버퍼란 전체 분양대금에서 지불해야 할 것을 해결하고 남은 돈을 가리키는 말입니다. 버퍼 액수가 클수록 사업이 안정적이라고 판단할 수 있어요. 여기서는 85억 원이 이익으로 남을 것인데, 이를 담보로 P2P 투자자들에게서 10억 원을 빌리겠다는 것임을 알 수 있죠. P2P 플랫폼은 시행사의 사업수익권에 근질권을 설정해 담보를 확보한 뒤 돈을 빌려주려 한다는 것도 알 수 있습니다.

❸에 나오는 스트레스 테스트란 충격이 가해졌을 때 버틸 수 있는 힘을 말합니다. 미분양이 해소되지 않는 최악의 시나리오로 간다 해도 이렇게 해서 대출 원리금을 회수하겠다는 계획입니다. 최악의 경우 미분양 세대를 전세로 놓거나 담보대출을 받으면 이번에 빌리

나는 1만 원으로 부동산 한다

는 ABL 대출의 원리금을 모두 갚을 수 있으니 염려 말라는 것으로 해석할 수 있어요.

❹는 시행사가 시공사에게 줄 공사비를 현금이 아닌 대물, 곧 물건으로 지급할 수도 있다는 내용입니다. 시공사는 회계상 목적 등 여러 이유로 대물로 처리함이 유리한 경우도 있어 공사비를 아파트로 받기도 합니다. 이때 분양가에 대비해 5% 낮은 가격으로 넘긴다는 의미입니다.

최종 심사평을 보면 기존에 분양된 세대의 입주잔금과 추가 분양대금으로는 이번에 받을 ABL 대출이 아닌, 다른 대출금과 시공사에 줘야 할 공사비를 상환할 것이라고 알려주고 있습니다. 출구 전략도 마련되어 있고, 이익으로 남는 돈을 의미하는 버퍼가 존재하므로 이 상품이 충분히 안전하다는 것을 강조하고 있습니다.

공시 내용으로 보건대 입주잔금과 추가 분양대금으로 이번에 받을 ABL 대출금을 상환하면 조금 더 확실한 출구 전략을 지닐 수 있었겠다는 생각이 듭니다. 그럼에도 PF상품과 ABL 상품의 가장 큰 리스크인 '미준공 리스크'가 상대적으로 헤지가 많이 되어 있는 개발신탁 상품이라는 점에서, 개인 투자자에게는 굉장히 매력적인 구조의 상품이라고 판단할 수 있습니다. 개발 관련 상품은 어찌 되었든 무사히 준공하는 것이 가장 중요합니다.

이번에는 또 다른 분양대금 ABL 상품을 분석해보겠습니다. 다음 장의 공시 내용을 꼼꼼하게 읽어볼까요.

〈상품 분석〉 ○○펀드 경주 □□호텔 분양대금 ABL 3차

연 수익률	17%
상환 기간	12개월
차주	시공사
투자금 보호	신탁수익권증서, 시공사 대표 연대보증
상품 종류	신탁수익권 ABL
대출 목적	시공사의 호텔 준공자금
총 모집액	12.8억 원
상환 방식	만기 일시 상환

분양이 99% 완료된 경주의 □□호텔 투자(신탁ABL), 분양잔금을 통한 확실한 상환 재원이 마련된 상품입니다.(❶)

1. 99% 분양 완료된 호텔

현재 분양금액 429억 원, 분양율 99%로 경주 □□호텔의 분양잔금 171억 원을 유동화(담보)해 시공사에 건축 및 준공자금 총 53억 원을 대출하는 건(LTV 31%)으로, 안정적인 상환 재원이 확보되어 있는 투자 상품입니다.(❷)

2. 신탁수익권+부동산 담보(❸)

시공사의 신탁우선수익권에 대한 질권을 설정하며, 본 건 부동산에 대해 금융기관에 이어 분양가 기준 LTV 60% 수준의 2순위 담보가 설정됩니다.

3. 신탁회사에서 직접 상환

분양 계약이 완료된 상태에서 잔금 정산이 마무리된 후 신탁회사가 ○○펀드로 대출금을 직접 상환하는 안정적인 구조의 ABL 투자 상품입니다.

4. 낮은 준공 리스크(❹)

본 건은 다수의 호텔 준공 경험 등으로 대출 금융기관에서 시공 능력을 인정받은 시공사의 책임 준공으로 건물 준공(현재 공정율 약 40%)에 대한 리스크는 낮습니다.

▶ STEP 1 : 가장 중요한 담보부터 확인!

시공사의 호텔 준공자금을 마련하기 위해 신탁수익권을 담보로 잡히고(질권설정), 시공사 대표의 연대보증을 통해 돈을 빌리는 상품입니다(❶). 신탁수익권담보 상품이란 분양대금 ABL이죠. 이 상품은 분양이 99% 끝난 상태로, 마지막 단계에서 받을 분양 대금을 담보로 잡고 대출을 실행하는 경우입니다. 덕분에 미준공 리스크가 상대적으로 낮습니다.

▶ STEP 2 : 상환 시나리오를 확인한다

❷에 나오듯 현재 분양 금액은 429억 원입니다. 분양이 거의 다 끝난 상태에서 앞으로 받아야 할 분양잔금 171억 원을 담보로 대출을 받은 다음, 시공사에 건축 및 준공자금 총 53억 원을 대출하는 상품으로 무리 없이 원리금을 상환할 수 있다고 말합니다. 시공사의 신탁우선수익권, 그러니까 공사대금과 부동산을 담보로 제공하며 이때 LTV 60% 수준의 2순위 담보가 설정되고요. 이 말은 1순위로 금융기

관이, 2순위로 P2P 플랫폼인 ○○펀드가 들어간다는 뜻입니다. 보통은 은행이 토지를 담보로 잡으니까요.

참고로 법원에서 받을 배당금을 담보로 P2P 플랫폼에 돈을 빌리는 경우가 있습니다. 이때 대출자가 법원에서 배당받아 돈을 갚는 것이 아니라, P2P 플랫폼이 법원에서 직접 배당금을 받아요. 왜 이렇게 할까요? 대출자가 법원에서 배당금을 받은 후 돈을 갚지 않고 버티는 최악의 경우를 대비하는 거죠. 리스크를 차단하기 위한 조치입니다.

이 상품도 비슷한 맥락입니다. 공시 내용을 보면 P2P 플랫폼이 대출해주는 쪽은 시공사예요. 그런데 빌려준 돈을 상환받을 때는 P2P 플랫폼이 시공사가 아닌, 신탁회사에게 원리금을 받는다는 뜻이죠.

한편 ❹에서는 미준공 리스크 가능성이 낮다는 점을 강조하고 있어요. 가장 큰 위험은 미준공 리스크라는 사실을 이 상품을 기획한 P2P 플랫폼도 알고 있기 때문에 이 점을 강조하는 것입니다.

나는 1만 원으로 부동산 한다

상품 공시에 자주 등장하는 PF 상품 용어를 알려주세요.

지급보증

금융기관이 부동산 개발회사에 PF 대출을 제공할 때 자금력 있는 건설회사들이 여러 방식으로 채무불이행 위험을 떠안는 것이 관례입니다. 지급보증은 그 방식 중 하나로, 시행사가 파산해 PF 대출 원리금을 상환하지 못할 경우 건설회사가 대신 이를 갚겠다는 뜻입니다.

채무 인수

시행사가 부도 나면 건설회사가 채무를 인수하겠다는 의미입니다. 물론 채무를 즉시 상환할 의무는 없습니다.

책임분양

준공 이후 일정 시점까지 건설회사가 전체 분양 물량의 일정 부분을 책임지고 분양해야 하는 의무를 가리킵니다. 예컨대 책임분양을 50%로 약정했는데, 30%밖에 달성되지 않으면 건설회사는 나머지 20%에 해당하는 분양 대금을 채워 넣어야 합니다.

미분양담보대출확약

줄여서 '미담확약'이라고도 합니다. 준공 후 미분양 물량이 생길 경우 증권사 등 금융기관에서 이를 담보로 자금을 대출해준다는 확약을 말합니다.

PART 7

알아두면 쓸모 있는
고수의 팁

절세를 원한다면
이것만은 기억하자!

"헉, 무슨 세금을 이렇게 많이 떼 가?!"

P2P 상품 수익률이 높다는 소리를 듣고 열심히 투자했다가 수익률의 27.5%를 세금으로 떼는 것을 알고 놀라는 분들이 있습니다. '복권에 당첨돼도 22%만 세금을 내는데(당첨금 3억 원 이하) 이게 말이 되느냐'라며 흥분하시는 분들도 있고요.

P2P 플랫폼이 대부분 대부업체로 분류된 탓에, 이자 수익은 세법상 '비영업대금을 통한 이익'으로 분류됩니다. 그러므로 세율은 소득세 25%와 지방세 2.5%를 합산해 27.5%인데, 여기에 수수료까지 합치면 28% 전후가 됩니다. 그러다 보니 숫자로 표현되는 수익률은 높아도 손에 잡히는 지갑 두께가 그리 두툼하지 않을 수 있습니다.

나는 1만 원으로 부동산 한다

하지만 이런 점이 불만이라고 투자를 하지 않는 것은 어리석은 행동입니다. 세금을 감안해도 어찌 됐든 은행 예·적금에 비하면 수익률이 훨씬 높은 재테크 중 하나이기 때문입니다. 그래도 이익이 발생하니 세금을 내는 것이 아니겠어요?

연간 이자와 배당 소득은 2,000만 원을 넘지 않게

1년 동안 수령한 모든 이자와 배당을 합한 금융 소득이 2,000만 원이상이면 금융 소득종합과세 대상자가 됩니다. 그러면 금융 소득 이외의 소득과 합산되어 누진세율이 적용되죠. 지방세를 포함해 최고 46.2%까지 세율이 높아질 수도 있으므로 주의해야 합니다. 본인 금융 소득이 2,000만 원을 넘을 경우, 합법적인 절세 범위 내에서 가족 명의로 증여해 분산투자하면 절세가 가능합니다.

법인 전환으로 얻는 절세 효과, 경우마다 다르다

부동산 P2P 상품에 투자할 때 하나의 플랫폼에 1,000만 원 이내로 투자하라는 규정이 있습니다. 여러 플랫폼으로 나눠 투자하면 다소 번거로울 뿐, 이 자체가 투자자에게 불리한 규정은 아닙니다.

그런데 이 규정은 개인 투자자에게만 적용되는 내용입니다. 법인이라면 투자금 한도가 단번에 사라져요. 또 법인의 투자 수익을 개인에게 배당하면 개인은 배당소득세 15.4%를 부담할 수 있으니 결과적으로 27.5%보다 낮은 세율이 적용될 수 있습니다.

이런 이유에서 법인을 만들어 투자하는 분도 있지만, 현실에서 개인과 법인 간의 절세 효과는 케이스별로 다릅니다. 법인 투자가 개인 투자에 비해 절세 면에서 유리한지 아닌지는 소득 금액별로 따져봐야 하거든요. 그러므로 투자 한도를 늘리려는 것이 아닌 절세 목적으로 법인 전환을 생각한다면 반드시 세무사와 먼저 상담하길 권합니다. 그런 다음 법인 전환이 분명한 이익이라는 판단이 섰을 때 결정하는 것이 좋습니다.

세금을 확실히 줄일 수 있는 익명 투자조합?

P2P 투자에서 세금을 합법적으로 내지 않을 수 있는 상황은 딱 한 가지입니다. 1회 차 이자부터 지급받지 못한 채 이익을 전혀 내지 못하는 경우죠(실제로 이렇다면 정말 안타까운 상황입니다). 이외에는 세금이 계속 따라다녀요.

이때 세금을 줄이기 위해 꼼수로 등장한 방식이 '익명 투자조합'입니다. 투자자들이 익명 투자조합에 투자하면 조합이 P2P 투자를 실행합니다. 그리고 얻은 수익을 조합원(투자자)에게 배당하는 방식이죠. 투자를 일임하는 형태로 사모펀드와 비슷한 구조여서 P2P 투자자들이 적용받는 비영업대금에 대한 이자 소득 규정을 적용받지 않습니다. 배당 소득이 2,000만 원 이하일 때는 15.4%의 세율을 적용받고요.

그런데 이런 구조로 영업한다면 일반적인 P2P 플랫폼이 아닐 가

나는 1만 원으로 부동산 한다

능성이 높습니다. 오히려 유사수신 플랫폼이라고 할 수 있어요. 여기서 파생되는 문제는 익명 투자조합이 법의 사각지대에 놓여 있다는 점입니다. 공증을 한다지만 그 자체가 투자자의 소중한 원금을 지켜주는 것은 아닙니다.

또 익명 조합원의 투자금을 운용하다가 손실을 입히거나 마음대로 써버려도 처벌하기 어렵습니다. 투자금을 '먹튀'해도 상법상 횡령죄가 성립하지 않아요. 이처럼 익명 투자조합은 상당한 위험성을 앉고 있습니다. 세금 몇 푼 덜 내려다가 괜히 엉뚱한 모험을 할 필요까진 없겠죠?

원 단위 절사, 부동산 P2P에는 의미 없다

P2P 투자자 중에는 '원 단위 절사'를 노리는 분들도 있습니다. 수익에 대한 세금을 낼 때 10원 미만의 금액은 면제됩니다. 세금이 99원이라면 9원은 떼버리고 90원만 납부하면 되는 거죠. 그 결과 9원의 절세 혜택을 얻을 수 있는데, 이것이 바로 원 단위 절사입니다.

그런데 P2P 투자에서 원 단위 절사로 세금을 아낀다는 말은 반은 맞고 반은 틀리는 이야기입니다. P2P 투자는 크게 부동산을 담보로 하는 부동산 P2P 투자와 신용을 담보로 하는 신용 P2P가 있다고 말씀드렸죠? 신용 P2P 투자에서는 투자 금액을 나누어 최대한 많은 상품에 투자하라고 합니다. 원 단위 절사를 이용하면 세율을 낮추는 효과가 있거든요. 신용 P2P 투자는 최저 투자 금액 단위가 5,000원부터이므로 10만 원을 투자하더라도 최대 20가지 상품으로 쪼갤 수 있어요. 포트폴리오형 상품에 투자할 경우에는 100개의 채권이 묶여 있기도 하고요. 힘들게 여기저기 쪼개어 투자하지 않아도 포트폴리오 상품을 선택하면 자연스레 원 단위 절사를 통해 절세 효과를 얻을 수 있습니다.

하지만 부동산 P2P 투자에서는 다릅니다. 최저 투자 금액이 1만 원인 것도 있으나 대부분은 10만 원이고 50만 원부터인 상품도 있어요. 1,000만 원을 10만 원짜리 상품으로 쪼갠다면 100개가 됩니다. 이때 원 단위 절사로 얻는 혜택은 '9원×100개', 달랑 900원에 불과합니다. 1,000만 원을 이용해 상품 100개에 올라타기도 어렵거니와, 그래 봐야 동전 몇 개 딸그랑거리는 수준이 되는 거죠.

이런 맥락에서 저는 세금을 아끼는 가장 좋은 방법은 수익성 높은 상품을 골라내는 안목을 키우는 것이라고 말하곤 합니다. 세금도 일단 수익이 발생해야 낼 수 있는 것이니까요. 그러니 최대한 많은 수익을 얻을 수 있는 우량한 상품을 선별하는 능력이 필요합니다. 이것이야말로 정정당당하게, 법대로 세금을 내고도 많은 것을 손에 쥘 수 있는 최고의 방안이 아닐까요?

플랫폼이 알려주지
않는 두 가지

'매입 보증'만 믿지 마라

여기서는 시중 P2P 플랫폼이 잘 알려주지 않는 두 가지를 설명하려고 합니다. 부실이 발생했을 때 플랫폼이 출구 전략 중 하나로 내세우는 것이 있습니다. '채무 불이행 시 채권 매입회사에서 매입이 약정된 상품입니다'라는 내용입니다.

하지만 채권 매입회사 역시 자선사업을 하는 것이 아닌 이상, 이익이 나지 않는 채권은 사려고 하지 않습니다. 그 때문에 흔한 경우는 아니겠지만 매입 약정을 맺고 있더라도 팔지 못하는 상황이 생길 수 있어요. 아예 이런 약정이 없는 것보다는 낫겠지만, '매입 보증'이라는 단어만 보고 상품의 안전성을 맹신해서는 안 된다는 뜻입니다.

결국 상품 구조의 안전성을 사전에 따져보는 것이 가장 확실한 방법이라 할 수 있습니다.

원리금 수취권, 채권자가 돈 안 갚으면 아무 소용 없다

원리금을 상환받을 권리를 '원리금 수취권'이라고 합니다. 대출이 실행되면 보내주는 이 원리금 수취권에 대해 대부분의 플랫폼은 이런 식으로 설명해요.

"회사가 부도 나도 투자자의 원리금 수취권이 법적으로 보호됩니다."

얼핏 듣기에는 뭔가 강력한 안전장치인 것처럼 느껴지는데, 정확하게 무슨 뜻일까요? P2P 투자자는 정확히 말하면 채권자가 아닙니다. 직접 채무자를 찾아가 돈을 갚으라며 추심할 권리가 없어요. 그 때문에 연체나 부실이 나타나는 상황에서 원리금 수취권은 별 의미가 없습니다. 차주가 작정하고 지능적으로 돈을 떼먹는 일이 생기지 말란 법이 없는데, 정작 그럴 때는 원리금 수취권이 무용지물이라는 뜻입니다.

원리금 수취권이 효력을 발휘하는 때는 P2P 플랫폼이 부도·파산·도산하는 경우입니다. 플랫폼이 고객의 돈을 횡령하거나 망했을 경우, 플랫폼에 사업 자금 등을 빌려준 제3채권자들이 사무실 임대 보증금 같은 플랫폼의 자산과 함께 P2P 상품에 압류를 걸 수도 있어요. 그때 P2P 투자자 입장에서는 P2P 상품에 투자하는 돈이 회사 자

산이 아닌 자기 돈이란 것을 증명해야 해요. 원리금 수취권은 바로
이럴 때 사용할 수 있는 권리증서라는 사실을 알아두세요.

부동산 P2P, 고수익을
얻는 데만 만족하지 마라

지금까지 상품 공시를 지나치지 말고 꼼꼼하게 보라고 강조했는데, 이는 단지 안전한 상품을 찾기 위해서만이 아닙니다. 등기부등본을 보면 알 수 있는 것이 많은 것처럼, 상품 공시를 통해 누군가의 수익 내역을 들여다볼 수 있어서이기도 합니다.

저는 부동산 P2P 투자를 시작하는 분들께 "P2P 투자 자체를 생생한 부동산 교재로 마음껏 활용하세요"라고 말씀드리곤 합니다. P2P 상품에 투자한다는 것은 단순히 수익을 얻는 행위만이 아닙니다. 수익률을 넘어 돈 되는 물건이 어떤 것인지 찬찬히 뜯어볼 기회를 갖는 것이거든요.

예를 들어 P2P 플랫폼 종사자 중에는 부동산 직접투자 고수가 많

나는 1만 원으로 부동산 한다

습니다. 또 대출 신청인이 가져오는 담보 중에도 굉장히 좋은 물건이 많아요. 이 과정에서 어떻게 대출을 받아 맨땅에 건물을 올리는지, 여기에 연관된 여러 주체의 역할은 무엇인지, 자금이 어떤 방식으로 돌고 도는지 등 건축부터 투자금 회수까지, 부동산 투자의 모든 단계를 지켜볼 수 있어요. 경매 시장에서는 어떤 물건이 돈이 되는지도 자세히 배울 수 있고요.

따라서 부동산 P2P에 투자하시는 분들이 '예금보다 높은 수익만 얻으면 그만'이라는 생각에 갇히지 않았으면 합니다. 다시 한번 강조하지만, P2P 투자 자체를 수익 원천인 부동산 투자에 대해 심도 깊이 배우는 계기로 활용해보세요. 이 과정을 똑똑하게 활용하다 보면 어느새 든든해진 종잣돈 통장과 함께 날카로운 고수의 눈을 지닐 수 있을 겁니다!

나는 1만 원으로 부동산 한다

초판 1쇄 발행 2018년 6월 5일
초판 4쇄 발행 2022년 3월 21일

자은이 칸데오(손명석)

발행인 이재진 **단행본사업본부장** 신동해 **편집장** 김예원
책임편집 김보람 **표지 디자인** 디박스 **내지 디자인** 김은정
마케팅 최혜진 권영선 **홍보** 최새롬
국제업무 김은정 **제작** 정석훈

브랜드 리더스북
주소 경기도 파주시 회동길 20
문의전화 031-956-7352 (편집) 031-956-7500 (마케팅)
홈페이지 www.wjbooks.co.kr
페이스북 www.facebook.com/wjbook
포스트 post.naver.com/wj_booking

발행처 ㈜웅진씽크빅
출판신고 1980년 3월 29일 제406-2007-000046호

ⓒ 손명석, 2018
ISBN 978-89-01-22376-6 03320